国家出版基金项目
NATIONAL PUBLICATION FOUNDATION

"十四五"
国家重点出版物
出版规划项目

建设金融强国丛书
主编　张晓晶

建设中国特色金融强国

张晓晶　董昀／著

SPM 南方传媒
广东经济出版社
·广州·

图书在版编目（CIP）数据
建设中国特色金融强国 / 张晓晶，董昀著 . -- 广州：广东经济出版社，2025. 4. --（建设金融强国丛书）. -- ISBN 978-7-5454-9438-9
Ⅰ. F832
中国国家版本馆 CIP 数据核字第 2024Z4S906 号

策　　划：刘卫平　刘亚平
责任编辑：刘亚平
责任校对：黄思健　李玉娴
责任技编：陆俊帆
封面设计：奇文雲海 CHIVAL design

建设中国特色金融强国
JIANSHE ZHONGGUO TESE JINRONG QIANGGUO

出 版 人：刘卫平
出版发行：广东经济出版社（广州市水荫路 11 号 11 ～ 12 楼）
印　　刷：广州市豪威彩色印务有限公司
（广州市增城区宁西街新和南路 4 号一楼 106 房）

开　　本：787mm × 1092mm　1/16
印　　张：15
版　　次：2025 年 4 月第 1 版
印　　次：2025 年 4 月第 1 次
书　　号：ISBN 978-7-5454-9438-9
字　　数：216 千字
定　　价：68.00 元

发行电话：（020）87393830
如发现印装质量问题，请与本社联系，本社负责调换

建设金融强国丛书
编辑委员会

总　序

2023年召开的中央金融工作会议提出了加快建设金融强国的宏伟目标。这是以习近平同志为核心的党中央深刻把握国际国内形势变化，立足两个大局，着眼于党和国家事业的长远发展所作出的重大战略部署。当前和今后一个时期的金融工作都要围绕加快建设金融强国这个目标来展开。

纵观公元1500年以来的大国兴衰史，金融在各国的现代化进程中发挥了不可或缺的关键支撑作用。“金融活，经济活；金融稳，经济稳。”作为国民经济的血脉，金融通过发挥资源动员、资源配置、交易媒介、风险管理、价格发现和支付清算等核心功能，为实体经济的发展创造稳定、安全、有活力的货币金融环境。同时也要注意到，金融强国应建立在强大的经济基础之上。“经济兴，金融兴；经济强，金融强。”实体经济是金融的根基，经济的繁荣和强盛为金融的强大提供坚实的物质基础。

当今世界，百年未有之大变局加速演进，大国博弈日趋激烈。俄乌冲突爆发之后出现的一系列对俄金融制裁事件清晰表明，金融是大国博弈的必争之地，金融对强国建设的作用更加凸显。如果一个国家的金融血脉受制于人，甚至被人“卡脖子”，势必导致经济与金融之间的循环不畅，那么该国的现代化进程就有可能迟滞甚至中断。

中国共产党在长期的革命和建设过程中高度重视金融工作。新中国成立70多年来，特别是改革开放40多年来，我国金融改革发展稳定各项工作取得历史性成就，金融业总体规模位居世界前列，金融体制改革沿着市场化法治化方向阔步前行，同时也牢牢守住了不发生系统性金融风险底线，助力创造“两大奇迹”，有力支撑了中国式现代化建设大局。

立足当下，面向未来，我国已进入新发展阶段，中国共产党正带领全国人民朝着全面建成社会主义现代化强国的宏伟目标前进。坚持高质量发展这个新时代的硬道理，推动我国经济实现质的有效提升和量的合理增长，是推进强国建设的必由之路，也为优化金融服务指明了方向和目标。金融乃国之重器，关系中国式现代化建设全局。加快推动金融高质量发展，进而实现我国金融由大到强的历史性转变，是以中国式现代化推进强国建设、民族复兴伟业的必然要求。金融强国建设是一项复杂的系统工程，绝不是轻轻松松、敲锣打鼓就能完成的。在加快建设金融强国的新征程上，我们必须保持历史耐心和战略定力，长期努力，久久为功，蹄疾步稳地做好金融改革发展稳定各项工作。

第一，加快建设金融强国，必须坚持守正创新，在坚定不移走中国特色金融发展之路的前提下不断深化金融体制改革。一方面，作为中国特色金融发展之路基本要义的“八个坚持”，是党和人民推动金融创新发展的经验总结和智慧结晶，必须长期坚持。另一方面，金融强国建设对金融体制改革提出许多新要求新任务，必须牢记金融服务实体经济的初心使命，根据生产力发展要求和金融强国建设要求，不断深化金融体制改革，建立与新质生产力发展相适应的新型生产关系，为金融强国建设提供强大动力。

第二，加快建设金融强国，必须坚持以高质量发展为主题。当前，我国金融发展的基本特征是“大而不强”，说到底就是金融发展质量不高，不能充分满足实体经济和人民群众的金融服务需要。必须坚持经济和金融“一盘棋”思想，统筹推进经济和金融高质量发展，在做好科技金融、绿色金融、普惠金融、养老金融、数字金融五篇大文章的过程中不断增强我国金融的适应性、竞争力和普惠性，逐步从金融大国迈向金融强国。

第三，加快建设金融强国，必须在确保国家金融安全的前提下稳步推进。安全是发展的前提，发展是安全的保障，二者辩证统一，必须把金融发展和金融安全统一到金融强国建设全局中加以系统谋划，系统把握金融发展与金融安全之间的内在关系。一方面，要树立底线思维，增强忧患意识，为推动高质量发展创造安定的环境和稳定的预期；另一方面，要在实现金融稳定的前提下推动经济增长，优化要素禀赋结构，改变力量对比，实现主动安全、动态安全。

在中国式现代化进程中，加快建设金融强国是一项前无古人的伟大事业，需要调动一切积极因素来加以推进，需要一系列主客观条件的支撑和保障。其中，金融强国理论研究的作用不可低估。正如恩格斯所说，“一个民族要想站在科学的最高峰，就一刻也不能没有理论思维”。对金融强国开展系统深入的理论研究，有助于全面总结全球范围内金融强国建设的经验教训，探究我国金融强国建设的历史逻辑、理论逻辑和实践逻辑，为加快建设金融强国提供学理支撑和理论先导。

基于上述考量，我们邀请多位国内一流金融学者，共同编写这套“建设金融强国丛书”，力图对金融强国建设问题进行多层面、多维度的理论透视，激发更多金融学人投身金融强国理论研究，为以金融高质量发展助力强国建设、民族复兴伟业作出积极贡献。

本套丛书由七部专著构成，可以用“1+6”（即“1个总论+6个分论”）来概括。

作为总论的《建设中国特色金融强国》一书由中国社会科学院金融研究所张晓晶、董昀撰写，力图从历史、理论和现实三个维度开展研究，为理解中国特色金融强国建设搭建“四梁八柱”。

在6个分论当中，中金公司彭文生等撰写的《科技金融》，复旦大学陈诗一、李志青、黄明撰写的《绿色金融》，中央财经大学李建军、彭俞超和首都经济贸易大学马思超撰写的《普惠金融》，西南财经大学林义等撰写的《养老金融》，北京大学黄益平、黄卓、谢绚丽撰写的《数字金融》等五部著作围绕做好金融五篇大文章这个总题目展开，深入探讨以做好五篇大文章推动金融高质量发展和金融强国建设的一系列关键问题，涉及相关理论基础、现状、目标、路径、方法等方面。西南财经大学王擎等撰写的《大国金融安全》则从统筹发展和安全的战略视角，系统探讨维护国家金融安全的若干重大理论和现实问题，致力探寻为金融强国建设提供可靠安全屏障的战略路径。

建设金融强国是一项极具开拓性和探索性的事业，需要我们在实践中持续探索。同样，推进中国特色金融强国理论建设、建构中国自主的金融学知识体系，也绝非一朝一夕可以完成的工作，亦需要我们持之以恒地推进。从这个意义上讲，“建设金融强国丛书”的编写和出版只是一个开始。我们恳切期望得到广大同行和各界朋友的批评指正。

張晓晶

2024年11月

导　言

国家兴衰，金融有责。能否拥有强大的金融，关乎一国现代化建设成败。纵观世界各国的现代化进程，大国崛起离不开强大金融体系的关键支撑。当然也要看到，强大的经济实力和坚实的物质技术基础构成了金融强国建设的重要依托。荷兰、英国、美国等世界性金融强国的崛起进程都充分证明了这一点。反过来看，如果金融搞不好，甚至爆发金融危机，那么经济发展必然受到重挫，现代化进程可能迟滞甚至中断。失败的例子在现实中屡见不鲜，譬如，不少拉美国家为金融危机所累，至今仍陷于“中等收入陷阱”难以自拔。

党的十八大以来，中国共产党积极探索新时代金融发展规律，不断加深对中国特色社会主义金融本质的认识，不断推进金融实践创新、理论创新、制度创新，积累了宝贵经验，逐步走出一条中国特色金融发展之路。习近平总书记对我国金融事业发展的重大理论和实践问题作出一系列重要论述，把我们党对金融工作本质规律和发展道路的认识提升到了新高度，为金融强国建设提供了思想指引和行动指南。

立足现实，当前我国经济已由高速增长阶段转向高质量发展阶段，社会主要矛盾已经转化为人民日益增长的美好生活需要和不平衡不充分的发展之间的矛盾。以习近平同志为核心的党中央正带领全国人民着力推动我国经济实现质的有效提升和量的合理增长，切实解决好发展不平衡不充分的问题，朝着全面建成社会主义现代化强国这一战略目标奋力前行。作为现代化建设的重要支撑力量，高效的金融体系通过发挥创造信用、配置资金和分散风险等功能，为实体经济中的企业家提供实施创新活动所需的各类要素，在推动创新发展、形成新质生产力和实现高水平科技自立自强等方面具有不可或缺的关键作用。面向未来，我们要把握发展阶段变化带来的机遇与挑战，加快推动我国实现从金融大国到金融强国的历史性跨越，从而为经济社会发展提供高质量金融服务，以金融高质量发展助力强国建设、民族复兴伟业。总之，社会主义现代化强国建设需要强大的金融。

面对新形势新挑战，习近平总书记在2023年10月召开的中央金融工作会议上首次提出了加快建设金融强国的战略目标。2024年1月，习近平总书记在省部级主要领导干部推动金融高质量发展专题研讨班开班式上的讲话中又进一步擘画了金融强国建设的宏伟蓝图，强调“金融强国应当基于强大的经济基础，具有领先世界的经济实力、科技实力和综合国力，同时具备一系列关键核心金融要素，即：拥有强大的货币、强大的中央银行、强大的金融机构、强大的国际金融中心、强大的金融监管、强大的金融人才队伍”[1]（可概括为“1+6”），为当前和今后一个时期我国金融工作指明了方向。2024年7月召开的党的二十届三中全会则部署了深化金融体制改革的一系列战略任务，在“防风险、强监管、促高质量发展”实践要求指引下，我们必须把锚定建设金融强国、扎实推动金融高质量发展，作为投身中国式现代化的直接体现，加快构建中国特色现代金融体系[2]。

面向社会主义现代化强国目标，我们致力建设的金融强国，既遵循现代金融强国崛起的客观规律，更具有适合我国国情的鲜明特色。习近平总书记总结的“六个强大”是对金融强国核心特质和一般规律的精辟概括，中央金融工作会议对中国特色金融发展之路基本要义的刻画则系统展示了我国金融强国道路的鲜明特色。我们要在加快建设金融强国的实践中借鉴和超越全球金融强国建设的经验成果，继续探索完善中国特色金融发展之路，使这条路越走越宽广。

[1] 坚定不移走中国特色金融发展之路 推动我国金融高质量发展[N].人民日报，2024-01-17（1）.

[2] 曲哲涵.加快建设金融强国 助力推进中国式现代化：访中央金融办分管日常工作的副主任、中央金融工委分管日常工作的副书记王江[N].人民日报，2024-08-09（2）.

以习近平经济思想金融篇为根本遵循，本书以“建设中国特色金融强国”为主题，立足我国发展实际，充分汲取有益的国际经验，全面系统地研究我国在金融强国建设进程中面临的一系列重大理论与实践问题。全书由引论、历史与理论、现实与政策三部分构成。

第一章是全书的引论部分。本章立足中华民族伟大复兴战略全局和世界百年未有之大变局，分析以习近平同志为核心的党中央提出加快建设金融强国战略目标的现实背景和战略考量，阐明新时代新征程推进金融强国建设的重大现实意义。

第二章至第四章是全书的历史与理论部分。这三章从历史逻辑和理论逻辑两个维度探讨金融强国的基本特质和一般规律，为建设中国特色金融强国提供国际镜鉴和理论框架。其中，第二章从历史维度回顾世界现代化进程中的大国崛起与金融强国建设历程，以荷兰、英国和美国为实例，分析大国兴衰与金融发展之间的关系。第三章从理论维度探寻金融强国的理论渊源，梳理与金融强国相关的各类理论与学说，为金融强国建设提供必要的学理支撑。第四章以史论结合的方式分析金融强国的核心特质，即在强调金融强国应当基于强大经济基础的前提下，着力阐释习近平总书记提出的金融强国六大核心关键要素的丰富内涵。

第五章至第八章是全书的现实与政策部分。这四章从实践逻辑维度探讨中国特色金融强国建设的道路根基与施工蓝图，搭建起理解中国特色金融强国建设的“四梁八柱”。首先，我们要建设的金融强国，是中国共产党领导的社会主义金融强国。这决定了我们必须走中国特色金融发展之路。第五章围绕金融强国的中国特色，分析党中央在把马克思主义金融理论同当代中国具体实际相结合、同中华优秀传统文化相结合的过程中，是如何塑造金融强国的中国特色的。其次，金融强国是目标，金融体系建设是支撑；建设金融强国，必须加快构建中国特色现代金融体系。第六章将加快构建中国特色现代金融体系作为建设金融强国的关键战略任务，全面探讨我国当前和今后一个时期的金融调控体系、金融市场体系、金融机构体系、金融监管体系、金融产品和服务体系、金融基础设施体系建设总体思路。再次，高质量发展是全面建设社会主义现代化国家的首要任务，金融要为经济社会发展提供高质量服务。要提供高质量金融服务，金融业必须做好科技金融、绿色金融、普惠金融、养老金融、数字金融五篇大文章。基于上述现实背景，第七章将做好五篇大文章视为金融强国建设的主攻方向，分析这五个领域的总体形势、目标任务和施策取向。最后，建设金融强国，需要坚强有力的保障。金融强国建设离不开制度、人才、文化等各方面的有力保障。第八章从坚持党中央对金融工作的集中统一领导、建设高素质专业化金融人才队伍、积极培育中国特色金融文化和加强金融法治建设四个方面探讨金融强国建设的保障体系建设问题。

目　录

CONTENTS

Chapter 1

第一章

提出金融强国目标的背景及意义

习近平总书记指出，金融是“国之大者”，关系中国式现代化建设全局[1]。究其根本，金融是国民经济的血脉，经济金融共生共荣。在经济社会运行过程中，金融体系通过源源不断地向实体经济肌体注入资金血液，来动员和引导实体经济当中各类生产要素的配置，进而推动经济发展。血脉畅通是确保肌体健康的重要前提和关键一环；与之相似，强劲而富有韧性的金融体系是经济繁荣和国家强盛的重要支撑。因此，金融也就成为国家核心竞争力的重要组成部分。

金融与国家命运休戚与共，金融发展对于中国式现代化具有重要的支撑作用，唯有立足中华民族伟大复兴战略全局和世界百年未有之大变局，准确把握世界之变、时代之变、历史之变，我们才能全面认识以习近平同志为核心的党中央提出的金融强国建设目标的战略背景，方可深刻理解中国特色金融强国建设的精髓要义和实践要求。

本章秉持目标导向和问题导向相结合的方法展开论述：一方面，统筹国内国际两个大局，简要刻画我国当前所处的历史方位，分析强国建设目标对我国金融发展提出的新要求、新任务；另一方面，勾勒我国金融发展的现状与特征，分析我国金融发展面临“大而不强”这一主要问题的表现及影响。在此基础上，从推进中国式现代化的战略需要着眼，阐述党中央提出金融强国建设目标的现实逻辑，回答“为什么提出金融强国建设目标”这一根本性问题。

[1] 中共中央党史和文献研究院. 习近平关于金融工作论述摘编[M]. 北京：中央文献出版社，2024：14.

第一节

国内背景：中国进入新发展阶段

中国共产党领导的金融事业植根于中国式现代化的伟大进程。正确认识党和人民事业所处的历史方位和发展阶段，是我们党明确阶段性中心任务、制定路线方针政策和推进中国式现代化的根本依据，也是科学制定金融发展战略的根本前提。

党的十八大以来，中国特色社会主义进入新时代。我们党在已有基础上继续前进，不断实现理论和实践上的创新突破，成功推进和拓展了中国式现代化。新时代的伟大变革推动党和国家事业取得历史性开创性成就，为在21世纪中叶把我国建设成为社会主义现代化强国奠定了雄厚的物质基础，积累了宝贵的探索经验。今天的社会主义中国比以往任何时候都更加接近世界舞台中央。

2021年7月1日，习近平总书记在庆祝中国共产党成立100周年大会上庄严宣告："经过全党全国各族人民持续奋斗，我们实现了第一个百年奋斗目标，在中华大地上全面建成了小康社会，历史性地解决了绝对贫困问题，正在意气风发向着全面建成社会主义现代化强国的第二个百年奋斗目标迈进。"[1]这标志着我国进入了一个新的发展阶段，我国发展站在了新的历史方位上。

新发展阶段是我国社会主义发展进程中的一个重要阶段，是社会主义初级阶段中的一个阶段，是中国特色社会主义新时代的一个阶段。习近平总书记明确指出，新发展阶段就是全面建设社会主义现代化国家、向第二个百年奋斗目标进军的阶段[2]。这意味着我国已经拥有开启新征程、实现新的更高目标的物质基础，表明中国人民正在此前发展的基础上续写全面建设社会主义现代化国家的崭新历史篇章。

[1]　习近平. 在庆祝中国共产党成立100周年大会上的讲话[M]. 北京：人民出版社，2021.

[2]　习近平. 新发展阶段贯彻新发展理念必然要求构建新发展格局[J]. 求是，2022（17）：4-17.

立足新发展阶段，我们要朝着把我国建成富强民主文明和谐美丽的社会主义现代化强国这一奋斗目标前行，完成日益接近质的飞跃的量的积累，从而实现社会主义从初级阶段向更高阶段的迈进。

在不同的发展阶段或时代，人民的需要有所不同，社会生产的发展状况也会有所不同。这就导致人民需要与社会生产之间的矛盾会随着时代的变化而变化。只有准确把握时代之变，对社会主要矛盾的变化作出及时、准确和科学的判断，才能抓住矛盾的主要方面，明确发展方向，制定出适应生产力发展要求的路线方针政策。

党的十九大报告指出，中国特色社会主义进入新时代，我国社会主要矛盾已经转化为人民日益增长的美好生活需要和不平衡不充分的发展之间的矛盾。作为中国特色社会主义新时代的一个阶段，我国新发展阶段的主要任务就是在已有成就的基础上继续化解人民日益增长的美好生活需要和不平衡不充分的发展之间的矛盾。说到底，不平衡不充分本质上就是发展质量不高。在新发展阶段，我国生产函数已发生显著变化，必须更多地依靠技术创新、优化资源要素配置来发展生产力。同时，经济发展的硬约束增多。生态环保的天花板、防风险的底线、反腐败的红线等各种行为约束框架已经搭建起来，必须在多重约束下实现高质量发展。

发展阶段的变化，意味着发展条件和发展环境的改变。相应地，发展理念不可能一成不变。随着我国社会主要矛盾发生转化，我国经济已由高速增长阶段转向高质量发展阶段，因此，新发展阶段的经济社会发展必须是高质量发展。从根本上说，高质量发展就是体现新发展理念的发展，必须坚持创新、协调、绿色、开放、共享相统一，必须统筹发展和安全。高质量发展，就是从“有没有”转向“好不好”，所谓“好”，就是更高质量、更有效率、更加公平、更可持续、更加安全，从而能够很好地满足人民日益增长的美好生活需要。在实际工作中贯彻新发展理念，就必须围绕高质量发展的要求来确定发展思路、制定改革战略，着力解决好发展不平衡不充分的问题，大力提升发展的质量和效益。

如果说在实现第一个百年奋斗目标的过程中，我们主要解决的经济问题是量的积累问题，那么，进入新发展阶段后，站在新的历史起点上，我们就必须更加注重解决好质的问题，加快形成新质生产力，在质的有效提升中实现量的合理增长。简言之，高质量发展是全面建设社会主义现代化国家的首要任务，是新时代的硬道理。坚持这个硬道理，就必须深化供给侧结构性改革，消除要素供给和资源配置中的体制性障碍，按照优化资源配置的方式进行经济结构调整，因地制宜发展新质生产力，实现经济增长从主要依靠要素投入到主要依靠全要素生产率提高的转变。同时，通过进一步全面深化改革、扩大开放和转变发展方式，形成与高质量发展相配套的体制机制，推动生产关系和生产力、上层建筑和经济基础、国家治理和社会发展更好相适应，为中国式现代化提供强大动力和制度保障。

第二节

国际背景：世界百年未有之大变局加速演进

中华民族伟大复兴进程的顺利推进是出现世界百年未有之大变局的重要原因。改革开放以来，中国共产党领导人民创造了经济快速发展和社会长期稳定两大世所罕见的奇迹，中华民族伟大复兴进程持续推进，世界经济格局呈现“东升西降”态势，国际力量对比发生革命性变化，由此形成世界百年未有之大变局。

就趋势而言，当今世界正经历“东升西降”，国际格局正发生由量到质的变化。中国的崛起是“东升西降”的主要驱动力量。

从社会净财富来看，中国财富总量逼近美国，且远高于其他国家。2021年，社会净财富和GDP（国内生产总值）全球前四位的国家分别是美国、中国、日本和德国。2022年，中国GDP是美国GDP的67%，中国社会净财富是美国社会净财富的96.7%（见表1-1）。同时，中国的社会净财富和GDP均超过紧随其后的日本、德国、法国、英国四国之和。

表1-1　社会净财富与GDP的国际比较（2022年末）

单位：亿美元

国家	社会净财富	GDP
美国	1128299	254579
中国	1091256	170654
日本（2021年）	351574	50062
德国（2021年）	251441	42599
法国	213874	27829

续表

国家	社会净财富	GDP
英国（2021年）	140181	31886
加拿大	128844	21379
澳大利亚	121780	16998

资料来源：各国统计部门公布的国家资产负债表及欧洲中央银行（ECB）公布的各国金融资产负债表，GDP为名义值。为简化起见，后文数据中凡涉及各国国家资产负债表的均不再单独标示数据来源。

注：除日本、德国和英国外，其他国家的数据均为2022年末数据，澳大利亚较为特殊，国家资产负债表以每年6月1日为核算期末，表1-1中列报的是2022年6月的数据。后文国际比较部分，如不作特殊说明，都为这一时间。根据国际标准，各国汇率采用2022年期末汇率，具体数值为美元兑人民币（6.96）、日元兑美元（0.0076）、欧元兑美元（1.07）、英镑兑美元（1.21）、澳元兑美元（0.68）、加元兑美元（0.74）。

从金融实力来看，2008年中国金融机构的总资产约占美国的20%，到了2019年，这一比例上升至约60%。在同一时期，中国GDP相对于美国GDP的比重由2008年的31%上升到2019年的67%。可见，在金融机构资产规模方面，中国与美国的差距近10年来明显缩小，且其GDP的上升幅度比美国的上升幅度还要大。

以中国为代表的新兴经济体快速崛起，而发达经济体则陷入长期停滞状态，“东升西降”态势日趋明显，国家竞争和制度竞争问题成为各国政府关注的焦点。上述因素导致民粹主义与逆全球化思潮持续抬头。在新冠疫情全球大流行期间，少数国家推行各种保护主义、单边主义措施，进一步导致经济全球化遭遇巨大逆流，世界进入动荡变革期。时至今日，地区冲突、地缘政治紧张局势和经济政策不确定性等因素仍给全球贸易带来下行风险。尽管2023年全球经济增长2.7%，但国际货物贸易收缩1%，这两个数据的逆向运行，在过去的40多年里尚属首次。经济全球化预计仍将在曲折中缓慢前行。

但就存量而言，依旧是“西强东弱”，我国将强未强，美国等西方国家在国际体系中占据主导地位，资本主义与社会主义两种制度的竞争更趋激烈。

回望改革开放初期，中国的经济发展是在融入全球化潮流的大背景下展开的，两种制度之间的关系是一种以互利合作为主基调的竞合关系；总体而言，合作大于竞争，和谐共存是主基调。到了40余年后的今天，尽管中国一再强调“合则两利，斗则俱伤”，但是，这个主基调已经发生了变化，中西不再是和谐共存，而是竞争共存，竞争对抗成分明显增加，竞争总体大于合作，我们需要“进行伟大斗争”。特别是随着美国将中国界定为主要的战略竞争对手，中美战略博弈日益加剧。双方一旦发生正面对抗或冲突，我国的现代化建设进程就有可能迟滞。

“东升西降”的大势导致世界面临百年未有之大变局，而“西强东弱”的现状又意味着资本主义和社会主义两种制度的竞争日趋激烈。随着世界百年未有之大变局加速演进，全球动荡源和风险点明显增多，国内外风险因素进一步增多。目前，全球传统安全形势严峻，大国博弈向交往受限的“平行体系”演进，弥合全球治理赤字的难度持续加大。同时，新冠疫情的影响广泛深远，国家干预主义不断强化，全球能源供需版图深刻变革，资源民族主义日趋抬头，非传统安全形势亦面临重大挑战。

此外，还应注意到，世界各国正在开展激烈的以科技和人力资本为基础、以新技术革命为手段、以产业价值链为主要对象的国际竞争，其中数字技术和数据要素是主战场。随着数字化浪潮席卷全球，人工智能、大数据、云计算、区块链等新一代数字技术加速迭代创新，数字技术拥有的全面感知、全过程编码、全方位穿透和网络效应等特点，使得数据信息的收集、存储、处理、传播、展示发生全方位革命性变化，数字化驱动下的新一轮科技革命和产业变革正在重构全球创新版图，导致社会结构、地缘政治、国家力量对比发生根本性变化。少数发达国家担心中国在数字科技上实现“弯道超车”，威胁其在这一领域的领导者地位，因而对中国发起新的“数字冷战”，旨在全面打击和遏制中国的数字化进程，尤其是打压中国前沿数字技术发展，从根本上遏制中国技术创新。

以上诸种因素叠加，导致我国发展的外部环境大不如前。我们已进入各类矛盾和风险易发期，准备经受风高浪急甚至惊涛骇浪的重大考验。

党的二十大报告强调，我国发展进入战略机遇和风险挑战并存、不确定难预料因素增多的时期，各种“黑天鹅”“灰犀牛”事件随时可能发生。我们必须增强忧患意识，坚持底线思维，做到居安思危、未雨绸缪，准备经受风高浪急甚至惊涛骇浪的重大考验。这就要求我们必须正确认识中国发展新的历史方位，冷静分析世界潮流和时代主题的变化趋势，深刻把握中华民族伟大复兴战略全局与世界百年未有之大变局之间的张力，主动识变、应变、求变，主动防范化解风险，为全面建设社会主义现代化国家、全面推进中华民族伟大复兴提供坚强保障。当前和今后一个时期的发展应从战略利益着眼，更加关注风险、强调安全。要努力在扩大开放与独立自主之间寻求平衡，在核心技术、重要产业和战略性资源等方面牢牢掌握主动权，积极调整经济结构和技术创新战略，并着手建立经济安全评估和预警机制，提升产业链供应链韧性，避免受制于人。

第三节

当前中国金融发展的主要特征：“大而不强”

中华民族伟大复兴战略全局和世界百年未有之大变局交互影响，构成我们理解中国金融发展现状和金融强国建设缘起的宏阔历史背景。基于这一背景，我们运用社会基本矛盾分析方法来探究中国金融发展面临的主要矛盾。

党的十八大以来，中国特色社会主义进入新时代，我国社会主要矛盾已经转化为人民日益增长的美好生活需要和不平衡不充分的发展之间的矛盾。发展不平衡不充分，归根到底是发展质量不高。这一问题在金融领域广泛存在。因此，推进金融供给侧结构性改革、提高金融服务实体经济质效、推动金融服务高质量发展，便成为新时代中国金融发展的主攻方向。

围绕高质量发展这个首要任务，以习近平同志为核心的党中央积极探索新时代金融发展规律，不断加深对中国特色社会主义金融本质的认识，提出“经济金融共生共荣”“把发展经济的着力点放在实体经济上”“避免脱实向虚”等一系列重要判断，明确“健全具有高度适应性、竞争力、普惠性的现代金融体系”战略目标，指明防控风险这一金融工作的永恒主题，围绕“深化金融供给侧结构性改革”这一主线部署金融改革发展稳定各项工作，推动新时代金融事业发展取得重大成就：党中央对金融工作的集中统一领导不断强化，党领导金融工作的机制和方式进一步优化；中国特色金融宏观调控体系逐步形成，现代中央银行制度建设平稳推进；股票发行注册制改革等一批重大金融改革举措平稳落地，金融开放的大门越开越大；在新一代数字技术的驱动下，金融科技（FinTech）高速发展，金融产品日益丰富，金融服务普惠性增强，金融服务经济高质量发展的能力和效率大幅提升；金融监管得到加强和改进，牢牢守住了不发生系统性金融风险的底线。总之，我国金融实现了持续快速成长，有力促进了经济平稳健康发展，支持打赢了脱贫攻坚战，为如期全面建成小康社会、实现第一个百年奋斗目标作出了重要贡献。

在充分肯定重大成就的同时，我们也必须清醒地看到存在的问题，准确把握中国金融发展面临的挑战。2023年召开的中央金融工作会议指出，金融领域各种矛盾和问题相互交织、相互影响，有的还很突出，经济金融风险隐患仍然较多，金融服务实体经济的质效不高，金融乱象和腐败问题屡禁不止，金融监管和治理能力薄弱。

总体而言，我国已成为世界性的金融大国，但还不是金融强国，金融发展的现状可用“大而不强”来刻画。“大”主要表现为：经过长期发展，我国已拥有全球最大的银行体系，第二大保险、股票和债券市场，金融业总体规模快速增长，位居世界前列。“不强”主要表现为：我国金融业在结构、质量、效率和安全等方面仍存在一些明显的短板和弱项，整体实力还不够强，不能充分满足经济社会高质量发展和新质生产力发展对金融服务的需求。特别是相较于以美国为代表的世界性金融强国，我们的金融发展水平还有明显的差距。如果说“大”是改革开放以来，特别是进入新时代以来中国金融改革发展辉煌成就的集中体现，那么，“不强”则是我国金融发展面临的突出矛盾，需要通过进一步改革发展加以解决。

我国金融“大而不强”主要体现在以下八个方面。

第一，金融机构体系规模庞大，但在助力强国建设和服务实体经济方面仍有明显短板。改革开放以来，我国金融机构的规模扩张很快，金融实力提高迅速。截至2023年末，我国金融业机构总资产达461.09万亿元，同比增长9.9%，其中，银行业机构总资产占金融业机构总资产的比重为90.5%，证券业机构总资产占比为3.0%，保险业机构总资产占比为6.5%。从结构上看，我国保持着一个以银行业为主导的金融结构，这意味着保险业、养老金和其他非银行金融机构发展相对不足。这一金融结构固然有利于迅速聚集金融资源，从事大规模投资和集中力量办大事，但由于银行的贷款投向偏好大企业和成熟产业，所以，创新型企业和创造性生产活动较难获得金融支持。这样的金融机构体系存在推动实现科技自立自强、应对人口老龄化等方面能力不足，资本市场上机构投资者严重缺位等弊端，导致金融服务实体经济的质效不高，构成中国式现代化的制约因素。

第二，金融市场发展迅速，但“大而不强”的特点依然较为突出。首先，我国股票市场“大而不强”的特征明显，基础性制度改革尚未完成，市场在资源配置中的决定性作用尚未充分发挥，难以发挥引领经济未来发展方向的功能。截至2024年6月，我国A股上市公司总数达5374家，总市值约73.6万亿元[1]，规模不可谓不大，但同时也存在着发展质量不高的问题。从盈利能力来看，我国金融行业整体盈利能力较弱，2022年上市公司净资产收益率为9.05%[2]，过去6年A股的净资产收益率为10%左右，与美国的15%相比还有一定的差距，上市公司的利润率较低[3]。从退市率指标来看，我国上市公司“进多退少”，市场淘汰率较低，近20年来，我国的上市公司总数约为4500家，平均退市率为0.36%，在退市率最高的2022年也只有0.9%左右[4]，远低于成熟市场水平的6%左右[5]。从市场透明度来看，我国上市公司存在信息披露水平较低的问题，投资者与上市公司管理层存在严重的信息不对称，信息披露违规长期占我国上市公司违规总数的七成左右。从投资端来看，我国的资本市场缺少中长期资金，据证监会披露，中长期资金持股比重不足6%，低于境外成熟市场普遍超过20%的水平，我国A股机构持股占总市值的比重自2010年起维持在50%左右，这一比例低于主要发达国家。总体来看，我国资本市场中的中长期资金占比较低，中长期投资者占比低[6]。其次，我国债券市场中贷款比重过高和安全债券占

[1] 我国三家证券交易所上市公司5374家　高科技行业上市公司市值占比超40%[EB/OL].（2024-08-23）[2024-08-23].https://www.163.com/dy/article/JAAGUDM20519QIKK.html.

[2] 数据来源：CEIC数据库。

[3] 张晓晶.中国金融报告2023：中国特色金融发展之路[M].北京：中国社会科学出版社，2024：192.

[4] 国元证券行业研究：2024年金融工程中期策略报告：斜风细雨不须归，云开雨霁见彩虹[EB/OL].（2024-06-30）[2024-08-23].https://www.gyzq.com.cn/main/search/textRetrieval.html?keyword=斜风细雨不须归.

[5] 张晓晶.中国金融报告2023：中国特色金融发展之路[M].北京：中国社会科学出版社，2024：193.

[6] 张晓晶.中国金融报告2023：中国特色金融发展之路[M].北京：中国社会科学出版社，2024：196.

比过低，构成我国债券市场发展的主要缺陷。前者长期存在，可能使非金融企业的筹资成本居高难下，并降低其资金可得性；后者则可能降低我国货币政策的实施效率。最后，金融衍生品市场发展严重滞后，不利于我国利率和汇率政策的独立性，也拖慢了人民币国际化的步伐，不利于形成强大的货币。

第三，金融风险隐患较多，且集中于金融机构和政府部门，导致政府处置金融风险的压力很大。当前，我国经济增速放缓，面临着有效需求不足、部分行业产能过剩、社会预期偏弱、风险隐患仍然较多等问题，加上复杂多变的外部环境，我国需谨慎应对房地产、地方债务和中小金融机构等重点领域的潜在系统性金融风险。

房地产领域的风险尤为突出，特别是头部民营房企的债务规模巨大，流动性紧张。根据中指研究院的数据，2024年房企到期债券规模为7703.1亿元，尽管较上年下降19.6%[1]，但整体规模仍较大。根据住房和城乡建设部近年的相关数据，房地产的相关贷款占银行信贷的40%，房地产的相关收入占地方综合财力的50%，居民财富60%在住房上，可以说房地产牵一发而动全身[2]。从2021年下半年到2023年末，恒大集团风险事件引发一系列连锁反应，金融机构出于避险目的收缩了对民营房企的信贷支持，众多民营房企的融资规模大幅萎缩，有40多家大型房企在债券市场上出现了债务展期或违约[3]。当前，房企违约构成债券市场违约的主要部分，2023年前三季度，房企境内信用违约金额占境内信用违约金额的89.2%，占境外信用违约金额的100%，房企违约还通过抵押品渠道造成商业银行的不良贷款率提高，对银行造成信用风险威胁[4]。

[1]　张敏.今年房企到期债务超7000亿元 偿债高峰已过但压力仍在[N].21世纪经济报道，2024-05-30（12）.

[2]　苏向杲.住房和城乡建设部部长倪虹：对房地产市场企稳回升充满信心 2023年将在三方面下功夫[N].证券日报，2023-03-08（A1）.

[3]　蔡真，崔玉，陶琦.【NIFD季报】房地产市场及房地产金融运行：2023年度房地产金融[EB/OL].（2024-03-12）[2024-08-23].https://mp.weixin.qq.com/s?__biz=MzA3NzEzMDc1MQ==&mid=2650335117&idx=1&sn=f9856964dc1a027d7baa142430e2185a&chksm=8687704f26064e571fb52a9d10386bb617382b51da6af0db10140d081ab8fcb190b2a01f5dc5&scene=27.

[4]　张晓晶.中国金融报告2023：中国特色金融发展之路[M].北京：中国社会科学出版社，2024：357.

地方政府债务负担沉重，成为发生系统性金融风险的另一个隐患。截至2023年底，我国地方政府债务余额为40.74万亿元[1]，地方政府负债率为32.3%，高于上一年的28.97%。考虑到地方融资平台有息债务后，广义地方政府债务规模达90多万亿元[2]，广义负债率达73.6%。从地方政府的收入来看，地方土地出让金收入及其增幅在 2021 年达到峰值后，受房地产下行影响大幅下滑，在一段时间内降幅整体收窄，到2024年上半年降幅再次加大，截至2024年5月，累计同比下降14%。整体来看，我国地方政府财政负担重，还债压力大，违约风险突出。2023年前三季度，277个地级市中有37个城市的土地出让金对城投债的利息覆盖比例低于100%，若考虑到土地出让金中的80%需要用于土地的开发整理，那么该比值低于100%的城市将扩大到184个[3]。我国地方政府收入高度依赖土地财政，在筹措资金的过程中与房地产行业和地方金融机构联系颇为密切，截至2024年5月，在银行间债券市场中，有81.4%左右的地方债由商业银行持有[4]，经济相对落后、地方债务压力较大的地方政府向金融机构融资的需求更大。地方政府隐性债务链条复杂、增长迅速且隐蔽性强，风险关联性复杂，如果不及时化解，将迅速向整个财政金融体系传导，带来严重隐患。

我国中小金融机构存在资产质量不高、内部治理结构不健全、风险管理体系不完善等问题。以银行业为例，截至2024年第一季度末，我国商业银行整体不良贷款率为1.59%，其中，城市商业银行的不良贷款率为1.78%，农村商业银行的不良贷款率为3.34%，均高于大型商业银行和股份制商业银行的1.25%。与此同时，城市商业银行和农村商业银行等中小银行的拨备覆盖率和资本充足率也有所下降[5]，受政策

[1] 关于2023年中央和地方预算执行情况与2024年中央和地方预算草案的报告[EB/OL].（2024-03-13）[2024-08-23].https://www.gov.cn/yaowen/liebiao/202403/content_6939289.htm.

[2] 张晓晶.中国金融报告2023：中国特色金融发展之路[M].北京：中国社会科学出版社，2024：370.

[3] 张晓晶.中国金融报告2023：中国特色金融发展之路[M].北京：中国社会科学出版社，2024：373.

[4] 数据来源：中国债券信息网中债数据。

[5] 2024年商业银行主要指标分机构类情况表（季度）[EB/OL].（2024-08-09）[2024-08-23].https://www.cbirc.gov.cn/cn/view/pages/ItemDetail.html?docId=1164262&itemId=954&generaltype=0.

变动和外部经济环境波动的影响较大。综合来看，中小银行的资产质量不高、流动性风险大，资金对风险的抵补能力不足。此外，2019年包商银行出现严重的信用风险，2022年河南村镇银行发生严重的资金问题，显露出我国中小银行在公司治理、业务操作和风险管理等方面的能力仍严重不足。中国人民银行发布的《中国金融稳定报告（2023）》指出，从2020年第四季度到2022年第四季度，中国人民银行在9次银行风险监测预警工作中累计识别预警银行413家次，其中村镇银行和农村商业银行合计295家次，占比高达71%。

从金融稳定的角度分析，我国的金融风险主要集中于金融机构，而金融机构的背后则是政府，特别是中央政府。这是一柄双刃剑，利弊皆有。有利的一面在于，中国政府比美国政府掌握了更大比例的社会净财富，从而具有更大的应对冲击的空间和韧性；需要注意的是，政府净财富中国有企业和土地资产占比较高，其腾挪空间受限（流动性不足），而且部分资产可能属于无效资产，这无疑使得政府的真实资产规模缩水。不利的一面在于，金融机构同政府的关系过于密切，极有可能使得金融风险和财政风险相互溢出，从而成为发生系统性风险的体制因素。

第四，对外金融资产负债结构亟待优化。经过40余年的对外开放，我国积累了规模较大的对外投资头寸，虽然我国对外资产和负债的规模仍远低于美国、日本和欧洲国家，但这依然大大提高了我国在国际金融体系中的地位。

然而，我国对外资产和负债的结构依然存在一些问题：迄今为止，我国在国际金融体系中仍更多地扮演着存款者的角色，大量资产配置到收益很低但相对安全的外汇储备当中，资产收益过低，债务成本过高，这使得我国规模庞大的对外净资产未能带来应有的收益（殷剑峰，2023）。同时，一些储备资产因受到地缘政治等因素影响，安全性也存在较大问题。与我国不同，欧美国家更倾向于在全球范围内配置高收益资产，其直接投资在本国对外资产中占三分之一强。作为世界头号金融强国，美国承担了配置全球金融资源的功能。显然，在保持对外投资头寸为正且不断增长的同时，优化资产负债结构、提高对外投资头寸的收益、有力维护金融资产安全，是我国面临的重大挑战。

第五，人民币当前的国际地位与金融强国下的人民币国际地位仍有明显差距。从外汇储备、外汇交易、全球支付等各个维度看，近年来，人民币的占比均呈现出较大的增长势头，但由于起点低，人民币至今仍处于国际货币的边缘。当今的国际货币体系呈金字塔结构，美元位于金字塔的第一层级，是绝对的霸权货币；欧元处于第二层级，但其地位并不稳定；人民币与日元、英镑处于第三层级。

自第二次世界大战结束以来，从布雷顿森林体系的建立到其瓦解再到当下，凭借美国强大的综合实力，美元始终主导着国际货币金融体系，也相应地成为最重要的国际储备货币，在全球外汇储备中的占比最高时达到85%，尽管目前降至历史最低点58.8%，但仍居世界首位，远高于排名第二、占比为20%的欧元。遥遥领先的外汇储备份额显示出美元在国际上的强大地位。在美元外汇储备份额下降的同时，作为非传统货币外汇储备的人民币占比不断提升，其占比的增幅相当于美元降幅的1/4[1]。不过，人民币外汇储备占比增长并不稳定，2022年达到峰值2.88%，受到最近几个季度人民币汇率贬值、本币互换下人民币外储流回国内的影响，截至2024年第一季度，其份额又降为2.15%，目前是第七大储备货币。人民币外汇储备规模为2469亿美元，美元外汇储备规模达6.76万亿美元，人民币外汇储备规模仅相当于美元外汇储备规模的3.6%[2]。从份额和规模的对比可以看出，我国相比于现时的金融强国，在货币的力量上还有很大的差距。我国人民币想要成为强大的国际储备货币，仍需要一个过程。

2022年，在国际清算银行（BIS）进行的全球外汇市场调查[3]中，美元仍占据主导地位，稳定地占据88.5%的市场份额；人民币的市场份额从2019年的4.3%

[1] 美元在国际储备体系中的主导地位：情况更新[EB/OL].（2024-06-14）[2024-08-23].https://mp.weixin.qq.com/s?__biz=MzA5MjE0MTI0NQ==&mid=2247528110&idx=2&sn=b733d051c10ae3b5423d6027b07153a7&chksm=90738d7ca704046a79218024f5ea5a99099f65526335f8f1b01f2dd89d65e1402a434f7bf595&scene=27.

[2] Currency composition of official foreign exchange reserves[EB/OL].（2024-06-14）[2024-08-23].https://data.imf.org/?sk=e6a5f467-c14b-4aa8-9f6d-5a09ec4e62a4.

[3] 国际清算银行的全球外汇市场调查每三年进行一次。

扩大至7%，已稳固确立为新兴市场中的首要交易货币，成为全球第五大外汇交易货币[1]。

在环球银行金融电信协会（SWIFT）发布的国际支付统计数据中，截至2024年5月，美元支付总额在全球支付货币中的占比为47.89%，稳居世界首位，而人民币支付总额在全球支付货币中的占比为4.47%，居世界第四[2]，人民币作为全球货币在贸易融资市场的份额为5.08%，与欧元的5.63%接近，远低于美元的84.65%。

第六，国际金融中心的竞争力和影响力仍需进一步增强。根据中央政府的总体部署，2020年上海已基本建成与我国经济实力和人民币国际地位相适应的国际金融中心，成为我国金融要素资源集聚度最高的金融中心。但与全球其他国际金融中心相比，上海在规模、质量和影响力等维度上均存在一定的差距。

其一，从经济体量来看，2022年，上海的地区生产总值虽然在全球城市中位列第六，但仅为纽约地区生产总值和洛杉矶地区生产总值的约60%[3]。其二，从市场规模来看，截至2023年底，纽约证券交易所市值为24.92万亿美元，上市公司2324家；纳斯达克交易所市值为20.58万亿美元，上市公司3505家；上海证券交易所市值为6.6万亿美元，上市公司2249家[4]。上海证券交易所市值仅为纽约证券交易所市值的26.5%、纳斯达克交易所市值的32.1%。我国债券存量、资产支持证券占GDP的比重也显著低于美国和英国（刘元春，2023）。其三，从国际市场定价能力来看，上海作为国际金融中心，对大宗商品价格的影响力不强，尽管推出了“上海金”“上海油”“上海铜”等大宗商品“上海价格”，但其影响主要在国内，全球金融资源配置能力有限。在世界范围内，英美几大交易所的大宗商品衍生品价格最

[1] Bank of International Settlements.OTC foreign exchange turnover in April 2022[EB/OL].(2022-10-27) [2024-08-23].https://www.bis.org/statistics/rpfx22_fx.htm.

[2] 人民币连续7月保持全球第4支付货币 占比稳定于4.47%[EB/OL].(2024-06-21) [2024-10-09].https://3g.china.com/act/news/10000169/20240621/46728974.html.

[3] 上海市人民政府发展研究中心.上海加快建设“五个中心”发展战略研究[M].上海：格致出版社，2024：43.

[4] 数据来源：https://xueqiu.com/3658388177/295748159。

受认可（赵欣舸 等，2024）。其四，从金融基础设施和制度规则来看，银行间和交易所债券市场的基础设施和业务尚未实现互联互通和规则统一，中央国债登记结算有限责任公司、中国证券登记结算有限责任公司、银行间市场清算所股份有限责任公司3个托管后台处于并立分割的状态，监管部门彼此独立（赵欣舸 等，2024）。其五，从金融机构的角度来看，上海金融机构的国际化程度仍较低，超大型金融机构比较少。与纽约、伦敦、新加坡等国际金融中心相比，目前上海的外资金融机构占比仅为30%左右，远低于纽约等国际金融中心70%左右的比例（赵欣舸 等，2024），总部设在上海的跨国金融公司不到伦敦的1/3，上海证券交易所仍然没有海外上市公司，日均外汇交易量仅为伦敦的3.8%[1]。其六，相较于香港和新加坡，上海主要是在岸人民币中心，还需进一步加强离岸人民币市场建设；上海在国际金融中心建设中始终把金融法治建设放在突出位置，但在金融法律体系的完备性和金融执法体系的有效性等方面与世界前沿水平仍存在差距，需要在立足国情的基础上充分借鉴国际经验，沿着市场化、法治化和国际化方向完善金融法治环境。其七，上海的高端国际金融人才储备仍显不足。

总体而言，尽管上海在金融基础设施、金融市场规模和金融要素聚集等方面取得显著进展，但与其他国际金融中心相比还有不足，仍需进一步加强全球资源配置、金融基础设施、金融市场体系、金融监管等方面的建设，推动内地与香港金融市场互联互通机制优化，增强离岸和在岸两个市场的联系，以应对世界百年未有之大变局加速演进和大国博弈日趋激烈带来的挑战。

第七，金融基础设施建设有长足进步，但与美国的差距依然很大。近年来，我国加强了金融基础设施建设，并通过引入金融科技大大提升了金融基础设施的效率，特别是移动支付的快速发展，让其在全球市场中占据重要地位。但除了移动支付系统等少数领域外，我国在跨境支付清算、反洗钱、会计制度、信息技术服务等

[1] Progress and challenges for Shanghai as a global financial center[EB/OL].(2024-01-17)[2024-08-23].https://english.shanghai.gov.cn/en-Latest-WhatsNew/20240117/bf0feee25b804e68b4aa4589bd80cd0f.html.

大多数领域，与作为世界头号金融强国的美国相比仍有明显的差距。

以跨境支付清算系统为例，由于美元的国际货币地位，美元支付清算系统的直接客户与间接客户包括全世界几乎所有重要的金融机构，一旦美国关闭某个金融机构的美元结算通道，后者将会在国际业务上面临极大的困难，这也是美国的“长臂管辖”得以发挥作用的重要原因。相形之下，由于资本账户尚未开放，我国的人民币跨境支付系统（CIPS）和境外外汇交易系统与人民币境内支付清算系统是分隔的，这不仅影响了相关交易的效率，也形成了人民币国际化的重要障碍。此外，人民币在国际金融体系中的相对弱势地位，也使得人民币跨境支付系统（CIPS）缺乏类似于美国纽约清算所银行同业支付系统（CHIPS）和美国联邦资金转账系统（Fedwire）那样的吸引力与影响力。例如，相较于CHIPS覆盖全球的广泛服务范围，CIPS的服务对象主要集中于离岸人民币市场较为成熟的部分亚洲地区，亚洲以外的区域间接参与者数量为301家，仅占全部间接参与者的23.6%（乔依德 等，2024）。

第八，对全球金融治理体系的影响能力有限。美国作为老牌发达资本主义国家，拥有全球最发达的金融市场体系，掌控全球金融基础设施，拥有美元霸权，在与其他国家的金融博弈中处于优势地位。美国对别国的金融活动和金融政策产生影响的主要渠道包括在国际金融机构中的话语权、在国际重要财经新闻机构和传播渠道中的垄断地位、对他国金融机构经营的干预、对国际金融基础设施的干预和国际金融产品的定价权、在经济金融研究范式和话语体系方面的主导权等。中国作为最大的发展中国家，在上述方面目前还只能居于“被动接受者”的地位。我们不仅要认真研究现行全球金融治理体系的原则、方法、途径等，最大限度地争取其为我所用，更要稳中求进、以进促稳，通过自身实力的提升，不断增强中国对全球金融治理体系的影响力。

第四节

新阶段新要求：以金融强国建设支撑中国式现代化

为了有效解决我国金融“大而不强”的问题，尽快补齐短板、锻造长板，有力支撑中国式现代化，我们必须让中国的金融尽快实现“由大变强”。只有金融真正强起来，才能确保国家发展的血脉畅通，才能为经济高质量发展提供资金和信用支持。因此，必须加快推进金融强国建设，以高质量的金融服务供给推动实体经济实现质的有效提升和量的合理增长，以稳固有效的金融制度助力国家治理体系和治理能力现代化，以高水平金融安全为国民经济和社会发展保驾护航。从这个意义上说，加快建设金融强国是以中国式现代化全面推进强国建设、民族复兴伟业对新时代新阶段金融业发展提出的新要求新目标，也是金融在新的历史条件下履行服务实体经济天职的主攻方向。

第一，推动经济高质量发展，必须做好五篇大文章，增强金融服务实体经济能力。在新发展阶段，我国发展的主要任务是破解人民日益增长的美好生活需要和不平衡不充分的发展之间的矛盾。说到底，不平衡不充分本质上就是发展质量不高。这主要体现为：①科技创新能力不强，产业发展还有许多卡点瓶颈，“科技—产业—金融”良性循环尚未形成；②生态环境保护任务依然艰巨，实现碳达峰碳中和目标还需要金融体系的有力支持；③实现共同富裕的道路上还面临着城乡区域发展不平衡和收入差距较大等困难，还需加大对“三农”、小微企业等群体的金融支持力度；④人口老龄化加速演进、养老金存在缺口，以及老年人口金融服务需求增加，给金融发展提出了新要求；⑤经济金融体系数字化转型加速推进，数字金融领域国际竞争加剧，对数字金融发展提出新课题。面对上述问题，我们要立足新发展阶段，贯彻新发展理念，着力做好科技金融、绿色金融、普惠金融、养老金融、数字金融五篇大文章，优化资金供给结构，把更多金融资源用于促进科技创新、先进制造、绿色发展和中小微企业，切实加强对重大战略、重点领域和薄弱环节的优质金融服务，从而实现更高质量、更有效率、更加公平、更可持续的发展。

第二，稳住经济大盘，必须完善金融宏观调控，建设强大的中央银行。当前，我国发展面临的有利条件强于不利因素，经济回升向好、长期向好的基本趋势没有改变，但面临着有效需求不足、部分行业产能过剩、社会预期偏弱等不利因素，再加上人口达峰提前、人口老龄化加快、中美技术脱钩等，未来中国要保持较高的经济增速面临挑战。新形势下，必须加快健全宏观经济治理体系，完善金融宏观调控，更加注重做好跨周期和逆周期调节，充实货币政策工具箱，加强货币政策和财政政策协调配合，从而更好地应对各种冲击，稳定宏观经济大盘。

第三，统筹发展和安全，必须加强金融监管，有效防范系统性风险。从国内看，金融、财政、产业等多个领域的风险交织、叠加、转化，宏观杠杆率高企、房地产风险、地方政府隐性债务、影子银行等风险不容忽视。从国际看，国际政治经济格局深刻变化，某些发达国家调整其对外金融政策，频频使用金融打击和制裁等政策手段对其他国家进行施压，贸易摩擦金融化、金融武器化可能成为重要趋势。这就意味着我国在金融基础设施安全、货币安全、数据安全、外汇储备和海外资产安全等方面存在不少潜在风险。面对风险挑战，必须全面加强金融监管，着重强化重大风险领域和重大安全威胁的应对与处置，着重解决金融基础设施薄弱、市场配置效率不高、风险应对不当、金融开放的潜在风险等问题，确保金融稳定和金融安全。

第四，推进高水平对外开放，必须以强大的金融体系作为有力支撑。一方面，金融是国家重要的核心竞争力，现代化金融体系是我国提升国际竞争力的基础支撑。如果我国建成规模大、功能强的金融体系，就能为国际储蓄者和投资者、实体企业、金融机构甚至主权国家提供资金融通便捷、安全的渠道，增强国内国际两个市场两种资源的联动效应，为全球经济发展提供金融支持和服务。另一方面，金融制度是经济社会发展中重要的基础性制度，现代化金融制度是一个国家在国际治理体系中地位和作用的重要表现。建设金融强国，为全球金融繁荣和稳定提供中国智慧和中国方案，让全球金融治理朝着更加公正合理的方向发展，是我国构建开放型经济新体制的重要任务。

第五，建设高水平社会主义市场经济体制，必须进一步深化金融体制改革，夯实金融强国的制度基石。党的二十届三中全会抓住经济体制改革这个“牛鼻子”，围绕处理好政府和市场关系这个核心问题，强调既“放得活”又“管得住”，提出到2035年全面建成高水平社会主义市场经济体制的宏伟目标。金融是国民经济的血脉，金融体制是经济体制的重要组成部分。推动经济实现高质量发展，需要金融提供高质量服务；而金融服务高质量发展，又需要构建与之相适应的金融体制，以确保金融血脉畅通、经济活力增强。我们要提高金融服务实体经济的质效，以改革为根本动力，完善金融服务高质量发展的激励约束机制，破除束缚金融资源自由流动的体制机制障碍，把优质金融资源集聚到高质量发展主战场上来。我们要将深化金融体制改革纳入建设高水平社会主义市场经济体制总体战略中来，归根到底是要通过改革释放活力、催生动能，在政府有形之手和市场无形之手的协同配合下，实现金融资源配置效率最优化和效益最大化，以实体经济和金融之间的畅通循环推动经济实现质的有效提升和量的合理增长，进而有力支撑中国式现代化进程。简言之，深化金融体制改革的根本目的是以加快建设金融强国助力推进中国式现代化。

在实现第二个百年奋斗目标的新征程上，我们必须以强烈的使命感、紧迫感准确把握新机遇，直面新挑战，牢牢把握金融高质量发展这一主题，加快建设中国特色现代金融体系，朝着金融强国目标砥砺前行，使中国特色金融发展之路越走越宽广。

Chapter 2

第二章

金融强国的历史考察

金融是国民经济的血脉，是国家核心竞争力的重要组成部分。国家的发展兴衰与金融有着密切联系。一个典型的说法是，近代以来，中国与西方出现大分流，原因可能是多方面的，但一个颇具竞争力的假说是金融大分流导致了经济大分流（张晓晶 等，2023a）。这足以体现金融因素在一国发展强盛过程中的重要性。

金融强国一般有两层含义：一是指金融自身的强大，即从各方面指标来看，一国的金融体系在世界上处于强势地位；二是指一国的金融发展足以支撑其国力的强大，即金融助力强国建设。这两个方面是一个硬币的两面，相辅相成、缺一不可。从历史上看，真正称得上金融强国的只有荷兰、英国和美国。一方面，是因为这三个国家曾先后成为世界强国（甚至是一时无两的霸主）；另一方面，在它们崛起为强国的过程中，强大的金融支撑是不可或缺的。这三个国家的金融演进与霸权更替完美诠释了金融发展关乎大国兴衰的论断。

第一节

荷兰的黄金世纪

荷兰之所以成为17世纪中叶（1625—1675年）的世界性霸权国家，是因为其在16—17世纪创造的经济奇迹。当时的荷兰，以鲱鱼为代表的水产业和依靠填海造田发展起来的农业、纺织业、造船业等十分发达，海运业更是拓展至世界各地，有着“海上马车夫”的美誉。

一、荷兰的商业贸易

17世纪，荷兰的繁荣得益于其有利的地理位置。荷兰背靠广阔的德国腹地，是欧洲两条古老的商船航线（一条为南北方向，从卑尔根到直布罗陀；另一条为东西方向，从芬兰湾到英国）的交通枢纽。荷兰占据东西及南北贸易路线上的有利位置，借由莱茵河可连接广大的德国腹地。荷兰商人将法国与葡萄牙的葡萄酒运至波罗的海，并将谷物运回地中海周边国家。17世纪80年代，平均每年有近1000艘荷兰船只进入波罗的海。荷兰的商船队早在1600年时就拥有1万艘船，商船数量相当于当时欧洲其他各国船队的总和，因此荷兰商船队是当时世界上规模最大的船队。荷兰的造船厂高度机械化，几乎一天就能生产一艘船。此外，船的制造和操作也颇为经济合算，荷兰船主可以削价与竞争者抢生意。因而，他们充当了西班牙、法国、英国和波罗的海国家之间的运输业者。英国人直到18世纪才能在商船运输方面与荷兰人竞争。在美洲，荷兰人于1612年在曼哈顿岛建立了新阿姆斯特丹城，还在短时间内占据了西印度群岛的各个岛屿和沿海狭长地带。16世纪末，荷兰人利用自己在海上的优势打败了葡萄牙，纷纷涌入东方海域。仅1598年一年，远航东方的船队就不少于5支，有22艘船。荷兰人用他们的三桅商船更便宜地运输香料，而且，由于他们本国的工业优于伊比利亚美洲国家的工业，他们的贸易商品也比后者价廉物美。

1602年，荷兰人将他们的各种私营贸易公司合并为一家国营公司——荷兰东印度公司（VOC）。虽然在两年前即1600年，英国人已经组织了他们自己的东印度公司，但是他们敌不过荷兰人。英国公司的认购资本很小，而且在后来的数年中，荷兰东印度公司还在东印度群岛设立了贸易据点。设立据点需要与当地统治者订立条约，条约导致联盟，而联盟促成保护关系。到17世纪末，荷兰人实际管辖的地区虽然仅有一小块，但成为荷兰的保护国的国家很多，这就构成了一块比其实际管辖的区域大得多的地区。到了18世纪至19世纪，荷兰把这些保护国全部吞并，建立起一个拥有庞大地域的帝国。

二、荷兰崛起过程中的金融创新

荷兰不仅在产业与海上贸易方面有着世界性影响，其金融创新也享誉世界，且在荷兰崛起过程中发挥了关键作用。

作为直至17世纪中叶才最终取得独立的联省共和国，荷兰的最大特征就是政府较少干涉经济活动，这赋予社会各行业从业者最大限度的经济自由。

17世纪90年代，阿姆斯特丹是世界金融创新的首都。16世纪晚期，荷兰人为了在财政上资助摆脱西班牙统治、争取独立的斗争，改革了意大利的公债体系，他们推出“抽签公债”——允许人们在投资国债方面进行赌博。Tracy（1985）认为，正是西班牙哈布斯堡王朝为进一步压榨低地国家的经济资源，强迫荷兰接受公共借贷体制，成就了迪克森所定义的“金融革命”的荷兰版本。结果是，荷兰在后来与西班牙的80年战争期间可以借助公共借贷体制发行低利率的公债，持续获得资金以支持其对抗西班牙的战争。除公债市场为尼德兰革命筹集战争经费外，资本市场也为荷兰的对外贸易与殖民扩张提供了雄厚资本。

荷兰人还改革了货币。1609年，荷兰创立了世界上第一家中央银行——阿姆斯特丹银行（Amsterdam Bank）。该银行通过创造一种可靠的银行货币形式，解决了铸币成色不足的问题。

不过，荷兰人最伟大的发明也许是创建了股份公司（弗格森，2009）。1602年VOC的成立是荷兰成为金融强国的重要里程碑。VOC是世界上首家公开发行股票的公司，其股票在阿姆斯特丹证券交易所上市交易。VOC的成功不仅促进了股票市场的发展，也推动了金融市场的成熟。股份公司和股票市场的成立相差不过几年时间。在第一家股份公司成立，并第一次公开发行股票时，二级市场就产生了。股票可以在这个市场自由买卖。1608年，荷兰当局决定在距离市政厅不远处建立一家正规的室内证券市场。这个四角形建筑拥有柱廊和钟塔，是世界上第一家证券交易所。1609年成立的阿姆斯特丹银行的主要业务除了储蓄，还有汇兑结算，因此，该银行又被称为阿姆斯特丹汇兑银行。这绝非巧合，因为如果没有一个有效的货币系统，股票市场就不可能良好运作。一旦荷兰的银行家们开始接受VOC股票作为贷款的担保，股票市场和贷款发放之间的联系就形成了。银行会把钱贷出，股票的购买就和贷款联系在一起。证券交易所和银行为建立新经济奠定了一种三角关系的基础（弗格森，2009）。VOC股票在投资者中广受欢迎，这不仅因为其预期红利或股息收益较高，而且因为其在流动性约束下能够很容易转让出去。VOC股票的流动性在17世纪早期对阿姆斯特丹资本市场的发展产生了始料未及的影响，其为资本借贷提供了一种理想的抵押品种，从而促进了资本市场的蓬勃发展和荷兰短期借贷利率的下降。阿姆斯特丹证券交易所是世界上最早的证券交易所之一，它提供了一个系统性的平台，使股票交易更加透明和高效。阿姆斯特丹证券交易所的成功在于其严格的监管制度和交易规则，这些都为现代证券交易所提供了参考（Neal，1991）。

阿姆斯特丹银行的成立标志着现代银行业的兴起。阿姆斯特丹银行的创新，如存款服务、票据交换和货币兑换等，大大提升了金融交易的效率和安全性，为荷兰及其贸易伙伴的金融活动提供了便利（van Dillen et al.，1964）。17—18世纪，荷兰在金融创新方面取得显著成就，商业票据和信用体系的建立为贸易提供了强有力的支持。荷兰商人通过签发汇票和使用信用契约，使得长距离贸易和大宗商品交易变得更加便捷和安全（Jonker et al.，2013）。保险业在荷兰经济中也占有重要地位，荷兰早期的保险公司为航运和贸易提供了风险保障。荷兰的保险业还通过分散风险，促进了跨国贸易的发展，进一步巩固了荷兰的金融强国地位。

三、荷兰金融中心地位的衰落

17世纪末至18世纪初，英国在金融和贸易领域迅速崛起，挑战了荷兰的主导地位。尽管如此，荷兰通过不断创新和调整，依然保持其金融体系的稳定和竞争力，英国在金融市场的崛起并未完全削弱荷兰的地位，两国在金融创新和市场扩展上共同推动欧洲金融的发展。

借助于海上贸易和金融实力，荷兰在这一时期成为欧洲最富裕和最强大的国家之一。

布罗代尔（2017b）认为，金融业的持续发展需要经济基础和制度条件的支撑，17世纪的阿姆斯特丹虽然在欧洲信贷流通方面独占鳌头，但是并不具备足够的力量来支持金融业的持续发展。“金融资本要等到19世纪的30年代到60年代后，当银行把工业和商品全都抓到手时，才取得稳定的成功。”[1]欧洲金融中心的转移，不仅是因为军事和经济实力的变化，而且体现了不同金融中心对经济变化的适应能力。一般而言，年轻的国家具有生机和活力，能够向传统霸权国家挑战，而后者往往因为制度僵化等原因缺乏迎接挑战的能力。正如罗伯特·吉尔平所言：“一个衰落的社会经历着一种腐朽与停滞的恶性循环，正像一个上升的社会所具有的增长与扩张的良性循环一样。……由于这个原因，就很难以更合理有效的方法利用现有资源来满足不断增长的军事与生产需求。”[2]荷兰在18世纪丧失经济活力的主要原因是它在与法国和英国的冲突中失去了贸易垄断特权，而其金融中心地位则逐渐被英国的伦敦所取代，最终荷兰被英法两国排斥到“经济领袖”之外。

[1] 布罗代尔. 十五至十八世纪的物质文明、经济和资本主义：第一卷 日常生活的结构：可能和不可能[M]. 顾良，施康强，译. 北京：商务印书馆，2017.

[2] 罗伯特·吉尔平. 世界政治中的战争与变革[M]. 宋新宁，杜建平，译. 上海：上海人民出版社，2019.

第二节

日不落帝国的辉煌

英国作为国际金融中心的地位源远流长，其金融霸权的建立与发展过程充满了波折与挑战。从早期探险与殖民时代，到工业革命和现代金融体系的构建，英国通过不断创新与改革，逐步确立了其在国际金融体系中的核心地位。英国以工业革命为依托，以海外贸易（和投资）为支撑，以强大的海军为保障，以英镑—黄金本位为压舱石，构建以英国为中心的全球金融网络，形成19世纪无可争议的金融霸权。

一、伦巴第街

16世纪末至17世纪初，英国通过建立强大的海军，奠定了其海上霸权的基础。1588年，英格兰海军大败西班牙无敌舰队，标志着英国开始崛起为海上强国。英国的海上优势为其对外贸易的扩展创造了有利条件，英国商船队在全球各大洋进行贸易活动，促进了金融市场的发展（Rodger，2004）。

在伦敦，贸易活动带来大量的资金需求，促进了银行业的发展。伦巴第街位于伦敦市中心，靠近泰晤士河，得天独厚的地理位置使其自古以来就是商业与金融活动的聚集地。中世纪时期，伦巴第街已经是重要的交易市场和贸易中心，各国商人在此开展业务。意大利伦巴第地区的商人逐渐在该地区定居，并开设了许多金融机构，这也为该街的命名奠定了基础。早在13世纪，意大利的伦巴第商人就开始在伦敦设立商号和银行，这些商人带来了先进的金融技术和管理经验，比如汇票、账簿记账等，为伦敦金融业的发展提供了重要的推动力。这些伦巴第商人还在伦敦建立了信贷体系和支付网络，奠定了现代银行业的基础。17—18世纪，伦巴第街逐渐成为伦敦乃至英国银行业的核心地带。许多知名银行，如豪尔银行（Hoare Bank）和巴林银行（Barings Bank），都在这里设立了总部。这些银行通过提供贷款、存款和汇兑等服务，推动金融市场的发展。伦巴第街成为英国金融体系不可或缺的一部分。1694年，英格兰银行（Bank of England）在伦巴第街附近成立，标志着英国现代金融体系的形成。英格兰银行在货币发行、金融稳定和经济发展方面发挥了重要作用。19世纪中期，英格兰银行开始充当最后贷款人角色，提升了伦敦作为全球金融中心的地位（Clapham，1944）。

二、金融革命与工业革命

英国成为强国显然受益于工业革命，而工业革命又可以追溯到金融革命。希克斯认为，发生在工业革命之前的金融革命，为英国霸权战争与工业发展提供了必要的资金基础。1688年光荣革命成功后，英国迎来了威廉三世——一位来自荷兰的君主。与他一起到来的还有荷兰的银行家、金融从业者以及“荷兰金融的基因序列”（戈兹曼，2017）。光荣革命和《权利法案》签订对英国政体的改造及其带来的可置信承诺，为后续的金融革命奠定了制度基础。议会地位的确立和稳固保证了政府无法制定侵害私人产权的财政政策。

金融革命促成了对公共信贷的改造。革命之所以发生，全靠事先彻底改组了英国的财政结构。这一改组的整体意义是显而易见的。大体上看，1640年甚至到1660年，英国的财政结构与当时法国的财政结构仍有不少相似之处。在英吉利海峡两岸，都没有集中的、完全从属于国家的财政机构。大多数事务交给包税人（他们同时被指定向国王放款）、金融家（他们另有自己的买卖）和官吏（官职以捐纳方式取得，他们不对国家负责）个人去办；向伦敦市请求帮助更是司空见惯，就像法国国王向巴黎市请求帮助一样。旨在使国家摆脱寄生经纪人的英国金融革命悄悄地开始了，最初的措施是在1671年和1683年分别把关税和效法荷兰开征的消费税收归国家管理；最后的措施之一是于1714年设置财政署，负责监督向国库输送收入，该机构后来又发展为财政委员会。用我们今天的话来说，就是实行财政的国有化，并在这漫长的改革过程中，引进英格兰银行（虽然英格兰银行于1694年已经成立，但是直到18世纪中叶监督体系才建立起来）的监督体系，以及国会从1660年起通过财政拨款和增设新税进行决定性干预。英国这场金融革命最终平稳地完成。

总之，如果不实行财政机构的国有化，英国就不可能发展有效的信贷系统（虽然它备受同时代人的诋毁）。我们也不应过高估计由荷兰统领改任英国国王的威廉三世在其中所起的作用，他登基不久就以“荷兰方式”放手借债，以便拉拢大批公债持有人，加强自己尚不稳固的地位。但英国政府为应付在奥格斯堡同盟战争（1688—1697年）和西班牙王位继承战争（1701—1714年）中遇到的困难，却是按照传统的甚至过时的方式进行借款的。长期借贷这一新事物需要慢慢适应环境。统治者渐渐明白：长期低息贷款可能会有市场；在实际税收额和可能借款额之间（公债额可达总额的1/3而不发生危险），以及在短期债务和长期债务之间，存在着一个预先固定的比例；真正的、唯一的危险是指定不可靠的或事先估计错误的财政收入用于支付利息。一旦借贷活动被有意识地、大规模地展开，这些长期争论不清的规律便会立即自动表现出来。短期和长期的辩证关系将逐渐被人们所理解。在签订《乌得勒支和约》的1713年，人们还不懂这个道理，长期公债还被称作“必须偿付的或自动清偿的”公债。

长期公债向永久公债的转变几乎是水到渠成的事。从此，国家不再需要偿还本金：通过把流动债务改造为固定债务，国家就能够不穷竭其信贷资源或现金资源。至于放款人，他能把债权转让给第三者（英国从1692年开始允许这样做），从而可随时收回已借出的款项。这是个奇迹：国家不偿付债款，债权人却能随意要回自己的钱。奇迹不是凭空出现的，建立长期公债制的基础是国家的信用和公众的信任：公债的存在全靠国会开辟用于定期支付利息的新财源。

难道真是公债制度或金融革命保证了英国的强盛吗？英国人对此深信不疑。托马斯·莫蒂默1775年在《每人都是自己的经纪人》一书中把公债说成是“曾使欧洲各国为之震惊和恐惧的持久政治奇迹”。我们经常引证的伊萨克·品托写于1771

年的论文更是把公债捧上了天。英国首相皮特于1786年表示相信“这个民族的生机乃至独立都建立在国债的基础上”。俄国驻伦敦大使西穆兰虽然也认识到英国统一公债的优越性，但他又认为统一公债是伦敦物价不断上涨的原因之一，自1781年后，物价上涨幅度之大“超过一切想象”。人们不禁会想，假如英国没有夺得世界霸权，假如英国没有在北美和印度这两个促使它经济高涨的重要据点战胜法国，债务和物价的不断上涨可能会带来完全不同的结果（布罗代尔，2017a）。

18世纪60年代，英国率先开展工业革命，经济结构发生了深刻变化。在工业化进程中，大量资金需求促进了金融市场的扩展与深化。资本市场、股票交易所和银行业的快速发展，为工业企业提供了充裕的融资渠道（Cameron，1967）。1801年，伦敦证券交易所正式成立，进一步规范和深化了英国的资本市场。伦敦证券交易所的建立促进了资本的自由流动，为企业融资提供了更为便捷和有效的平台。这一时期，金融市场的繁荣推动了英国经济的快速发展和工业实力的提升（Neal，1991）。

三、英镑—黄金本位制

19世纪，随着英国的殖民扩张，伦敦逐渐成为全球贸易和金融的枢纽，英国国内的金融机构在19世纪得到迅猛发展。一些重要的商业银行（如巴克莱银行和劳埃德银行）在伦敦设立，并通过并购和网络扩展提升其市场影响力。这些银行不仅服务于国内市场，还在全球范围内开展业务，增强了英国的金融实力（Grossman et al.，2010）。英国的工业产品和金融服务通过全球殖民地网络得到广泛传播和应用，进一步巩固了其金融强国地位。英国的金本位制在这一时期得到广泛接受，促进了国际贸易和金融的稳定（Kindleberger，1996）。

英镑的历史是奇特的，但在它长久且看似出乎意料的稳定背后，却是同期英国霸权的原因与结果。1717年，在时任铸币局总监艾萨克·牛顿的提议下，英镑按黄金固定了价格，而这个价格除了在1797—1819年和1914—1925年短暂中断以外，竟然一直延续到1931年。英镑稳定的作用是双重的：首先，英镑是正在崛起的英格兰所作出的信用承诺，“英镑的稳定是英国确立霸权的一个关键因素。没有稳定的价值尺度，便不容易找到信贷”（布罗代尔，2017b）。其次，在国际金本位制下，英镑的稳定性也确保了伦敦的国际金融中心地位。虽然在19世纪的大部分时间里，伦敦和巴黎在金融方面一直存在激烈的竞争，但不得不承认的是，“几乎在整个19世纪的危机年代，包括法兰西银行在内，英格兰银行始终是其他中央银行的最后贷款人”（金德尔伯格，2003），凭借稳定的英镑币值和强盛的经济实力，英国支撑了世界金融体系，其金融中心地位是无可撼动的。

在19世纪中期之前，除英国外，世界主要国家很少采用以黄金为本位币的货币制度。此时的大英帝国国力日盛，对外通过殖民扩张和海外贸易与投资，积累了大量的黄金储备；对内以1694年诞生的英格兰银行的演进为主要标志，建立了系统完备的现代金融体系，伦敦也逐渐取代荷兰的阿姆斯特丹，成为欧洲乃至世界的金融中心。随着英国的货物和资本漂洋过海，英镑得以走向世界，在广大的英属殖民地乃至全球范围内大量流通，成为当时最受信赖的可自由兑换的黄金等价物和资本主义世界最重要的国际支付手段与储备货币。正是在这种以英国为主导的国际经济秩序下，到19世纪70年代，德国、法国、美国等西方工业国家竞相效法，实行了金本位制。据Chernyshoff et al.（2009）介绍，到1913年，采用金本位制的国家已经占全球国家数量的48%、国内生产总值占全球各国国内生产总值的67%、贸易额占全球各国贸易总额的70%[1]。英国是古典金本位体系的最大受益者。依托这一体系，英国在世界各地的经济扩张与殖民掠夺变得更为便利，尤其是英国的资本输出急剧增加，投资规模远远超过其他西方大国[2]。其中，1870—1914年，英国的对外投资

[1] 关于19世纪后半叶世界主要国家向金本位过渡的历史，可参考：MEISSNER C M. A new world order: explaining the emergence of the classical gold standard[D].Boston: National Bureau of Economic Research，2002.

[2] 其中，英国在阿根廷的资本增殖尤为令人惊叹。1857—1910年，英国在阿根廷的资本从261万英镑增至近3亿英镑。详细介绍可参见：斯塔夫里阿诺斯.全球通史:1500年以后的世界[M].吴象婴，梁赤民，译.上海：上海社会科学院出版社，1992：544.

占到全球对外投资的41.8%，远远超过排在第二位的法国（19.8%）和第三位的德国（12.8%）。需要特别指出的是，这三个国家的海外投资资金都来自其国内储蓄。比如，1905—1914年，英国国内储蓄的近一半被用于海外投资。截至1914年，英国在海外的净国民财富占到其国民总财富的32.1%。这和当今美国的情况有着根本的不同。今天，尽管美国也有海外投资，但它同时也有巨额的海外负债，两相抵消，其国际投资头寸是负的。

四、两次世界大战的冲击

两次世界大战对英国金融市场造成了严重冲击。战时经济的高速运转和战后重建的巨大资金需求，使英国不得不面对巨大的财政压力。然而，英国通过政策调整和国际合作，逐步恢复了经济和金融稳定。一战后，美国的金融实力突飞猛进，对英国构成了竞争（Eichengreen，1992）。1944年，布雷顿森林体系的建立使美元成为全球主要储备货币。尽管如此，伦敦依然凭借其历史优势和深厚的金融基础，在战后国际金融体系中占据重要地位。英国在战后积极参与国际金融机构（如国际货币基金组织和世界银行）的工作，推动了其国际金融影响力的持续（Cooper，1987）。

英国的霸权体系由两条主线连接而成，一条主线是贸易，另一条主线是金融。英国的盛世靠的是它的海外商业贸易，英国在霸权衰落之前一直推行自由主义贸易政策，这不仅有利于维持英国世界制造业中心的地位，也促进了世界经济和贸易的发展。而英国的金融在一定程度上是由海洋贸易激发出来的，这就使其金融支持以债务、银行和保险为主，缺乏对股票市场的发展。这也是美国的金融比英国更有活力的原因所在。英国本来也有机会实现美国式的资本主义，但1720年的南海泡沫促使议会通过了一项严格限制股份有限公司的法案，从而从根本上扼杀了英国股市的进一步发展。此外，英国金融在后期发展中更多地集中于获得短期利益，缺乏对工业的资金支持，从而逐渐被后起的国家超越。

英国从18世纪末期到20世纪初期经过了一个完整的霸权周期。制度安排和金融发展在英国的霸权兴衰中起到重要的作用。英国新兴资产阶级的兴起促使英国建立了议会制度，王权得到限制，产权制度得以确立，从而为金融发展提供了制度保障。在此制度条件下，英国发展了股份制贸易公司，建立了国有化的英格兰银行，并发展出更为先进的国债制度。这一系列金融改革为英国战胜荷兰和法国提供了资金基础，也为英国工业革命的发生提供了先决条件。此外，与荷兰不同的是，英国的金融发展除了金融市场的发展和金融机构的发展外，还包括以英镑为中心的金本位制。金本位制的建立为英国霸权的巩固和成熟提供了重要的推动力，从而为“英国治下的百年和平”提供了一个良好的国际货币体系保障。但是，随着新兴工业国（如美国和德国等）的兴起和英国霸权的相对衰落，英国在世界经济中的领导权基础开始遭到破坏。凭借着经济惯性，英国在制造业优势消失之后很长时期内，继续在货币体系和金融业中占统治地位，并进行了一系列对外投资等金融扩张活动。但是，两次世界大战的爆发彻底摧毁了英国的债权国地位和金本位制，美国则利用战争中的巨大收益夺取了世界领导国的地位。此后，英国沦为美国的追随者，至今未再登上超级大国的舞台。

第三节

美国的金融霸权

美国的金融强国崛起之路并不是一帆风顺的。虽然很多学者强调两次世界大战给了美国绝好的机会，但推动美国前进最重要的动力是创新，尤其是金融领域的创新，其贯穿了美国霸权的整个发展阶段。在金融发展的力量中，主权货币能力在美国霸权时期得到极大的发展。从布雷顿森林体系确立美元的国际货币地位到牙买加体系下美元成为真正不兑换的纸币，美元摆脱了黄金枷锁，得到不可估量的货币利益。可以说，美国已经逐步发展为一个金融强国，它依靠强大的综合实力，以金融为杠杆、以美元为支点“撬动了整个世界”。美国通过美元的特殊国际地位解决了全球霸权的经济负担问题，显示出一种不同于以往霸权的新型金融霸权特征：它并没有因为发动地区性战争和过度消费所引发的巨大债务赤字而受制于债权国，也没有因为2008年金融危机的爆发而丧失美元资产的吸引力，反而使全世界尤其是欧洲和亚洲成为其主要的资金来源地。

一、早期金融探索

早期北美殖民地的金融系统运行主要依赖物物交换和使用英格兰、法国、西班牙等国的硬币。由于缺乏统一的货币体系，各个殖民地开始试验不同形式的纸币。宾夕法尼亚省是美国第一个发行纸币的殖民地，这种纸币由土地抵押支持，用于促进贸易与借贷（White，1986）。独立战争结束后，美国面临沉重的战争债务。为稳定金融市场并筹集资金，1791年邦联国会成立了美国首家全国性银行——美国第一银行（The First Bank of the United States），发行统一的货币，支持贸易和政府借款。然而，由于联邦政府和州政府之间的权力争议，该银行的20年特许经营权过期后未续约。1816年，联邦政府设立了美国第二银行（The Second Bank of the United States），以摆脱金融困境。该银行在规范货币供应和稳定金融系统方面发挥了重要作用，但它与州银行的冲突和它的广泛权力引发争议，1836年，安德鲁·杰克逊总统决定不再续约。1837—1863年是自由银行时代，各州根据《自由银行法》设立银行。这种体系允许银行自主发行纸币，但稳定性问题严重，导致频繁的金融危机。为了应对这些挑战，联邦政府在南北战争期间通过了《国家银行法》，建立了统一的国家银行系统，以提高货币供应的稳定性（Sorkin，2009）。19世纪末，美国正式采用金本位制，这在一定程度上稳定了货币供应。然而，经济波动和银行挤兑事件仍然困扰着金融系统。1893年和1907年的银行恐慌事件进一步揭示了金融系统的脆弱性，推动金融改革的呼声越来越高（Blinder，2013）。

二、华尔街的崛起

不断的金融创新是美国金融活力的源泉。

就金融技术而言，英国学习荷兰，美国学习西欧。美国自建国以来，先是继承西欧的传统金融行业，然后逐步将资本市场、消费信贷、保险和投资银行推向新高。华尔街的崛起就是最典型的案例。股份有限公司和股票交易于16世纪在荷兰和英国复兴。1720年，英国南海泡沫、法国密西西比泡沫相继破灭，结果法国股市崩溃，而英国则因议会通过的《泡沫法案》，使所有新公司几乎都不能向公众发行股票，英国股市从此沉寂，这个局面一直到1856年议会通过《股份有限公司法案》才结束。也正是这个原因，英国和欧洲其他国家在18世纪上半叶就把股市大发展的机会留给了后来的美国，以至于等英国在1856年重启股市时，美国资本市场已经远远走在前面，工业革命的引擎也已经从英国转移到了美国（陈志武，2022）。

19世纪70年代末，著名发明家爱迪生开创了一个新时代：电力逐渐取代蒸汽动力，成为经济发展的新能源，这给美国的经济发展带来强劲的动力。由电力使用引发的一系列技术革命，被称为“第二次工业革命”。依靠强大的科技实力，美国很快在第二次工业革命中独占鳌头，并在19世纪末赶上并超过在过去两个世纪里一直走在前面的欧洲强国。1894年，美国的工业总产值跃居全球首位，成为世界第一经济强国。

在工业革命融资热潮的推动下，到20世纪初期，工业股票已经迅速成长为华尔街市场交易的主体。此外，工业革命和城市化也促使美国的经济金融化程度猛增。18世纪在美国出现证券市场，但金融市场大发展是1860年之后的事情。美国社会的高度金融化带来前所未有的金融资本供给，为科技创新、对外投资和个人创业提供了所需的资本。以证券市场为主旋律的金融体系是美国自19世纪后半叶开始崛起的核心基础。从表面上看，科技创新、技术革命是美国过去两个世纪的主要优势，但从更深的层面看，如果不是美国资本市场所提供的激励催化器，美国的创新与创业文化都是难以持续的。

19世纪90年代是华尔街的转型期，它在这个时代构筑的商业运作框架和模式将在接下来的80年里发挥作用。1892年，为了给经纪商们的证券交割提供更加快捷和便利的服务，纽约建立了一个大型清算中心。与此同时，华尔街在金融制度上取得两大进步：股票市场评价指数和现代会计制度出现。股票市场评价指数是《华尔街日报》的创始人查尔斯·亨利·道发明的，查尔斯·亨利·道通过计算股市中主要股票的价格加权得出一个反映股市整体状况的指标，即道琼斯指数，其在今后的华尔街市场运行中得到广泛使用；现代会计制度是由华尔街的银行和经纪人在实践过程中自发推行的，为了有效遏制上市公司账务混乱和做假账等问题，开始强制要求上市公司实施会计准则。这些金融相关制度的健全，促进了华尔街的转型并为其以后的发展奠定了基础。

第一次世界大战期间，交战双方为了获得资金支持，纷纷到华尔街募集资金。其中，协约国一方的战争借款大多是由摩根银行和美国政府提供的。第一次世界大战使得美国从世界上最大的债务国变成最大的债权国，美国成为综合实力最强大的国家。美国在战争期间清偿债务，这无可挽回地削弱了伦敦的金融地位，英格兰银行只能用完全不足的储备来调控国际货币体系。与此同时，美国资本的流动性极大地释放，能够大规模地对国内外发放贷款。在10年左右的时间里，以伦敦为中心的国际货币体系逐渐衰落，无力承担美国资本变动的张力。1924—1929年，美国的对外贷款几乎是英国的2倍（Kindleberger，1974）。其实，早在1927年，华尔街就开始繁荣，它像一个强有力的抽水机一样，吸引许多资金从海外转向国内投资。美国的海外贷款从1927年的10亿美元下降至1928年的7亿美元，而1929年8亿美元的贷款到期后，其海外贷款变为负值（Eichengreen，1990）。可以说，一战中最大的受益者莫过于华尔街，它一举成为国际金融体系的中心，而包括伦敦在内的世界其他金融市场从此成为其追随者。

此外，第一次世界大战的爆发也对华尔街产生了深远的影响。1914年战争爆发初期，全球股票市场受到重挫。此时，伦敦证券交易所被迫暂停交易，而世界上的卖单开始集中到美国纽约证券交易所，华尔街只能被迫选择闭市。最初，人们对于世界经济和美国经济的前景预测都很悲观。但是，随着战争对军需品和农产品需求的急剧上升，作为中立国的美国获得大批订单，迎来自南北战争以来最大的经济繁荣。与之伴随的是，对金融融资的争夺促使华尔街在经历了短暂的恐慌之后迎来一次大牛市。

1792年5月17日，24个股票经纪人在纽约市华尔街68号的一棵梧桐树下签订了《梧桐树协议》（“Buttonwood Agreement”），这标志着纽约证券交易所的诞生。这一协议的签署确立了交易标准和佣金结构，结束了无序的股票交易状态（Geisst，2012）。19世纪的工业革命极大地推动了美国经济的发展，对资本的需求也随之增加。铁路建设和钢铁工业的兴起需要大量的资金投入，这对金融市场提出了新的要求。华尔街迅速成为资本聚集和流通的重要平台，为各类大型工业项目提供融资服务。伴随着经济的快速发展，华尔街涌现出一批著名的投资银行。J.P.摩根公司在19世纪末和20世纪初发挥了关键作用。摩根公司通过参与和资助大规模的企业并购、重组和铁路建设，强化了美国资本市场的力量，并为美国公司在国际市场上的拓展提供了支持（Strouse，1999）。进入19世纪后期，华尔街迎来所谓的“镀金时代”（Gilded Age）。这一时期，美国经济快速增长，财富积聚和消费主义盛行。华尔街的证券交易活动日益活跃，股票市场成为企业融资和投资的主要渠道。1896年，道琼斯工业平均指数创立，这标志着美国股票市场的成熟。金融市场的发展不仅促进了美国企业成长，也吸引了大量国际资本涌入。

华尔街的崛起带动资本市场的大发展，由此丰富了企业发展的资本支持，让创业创新风险分散在千千万万的投资者中，为美国成为创新型国家奠定了基础。基于美国当代的数据，不同行业对资本的依赖程度不一样，像高科技、生物医药等高度依赖资本投入。各国金融市场发达程度不一样，那些资本市场不发达的国家无法跟资本市场发达的国家在高科技行业竞争，二战后，至少55个国家的经历证明了这一点（Rajan et al.，1998）。

三、金融监管与法治

加强和完善监管是促进金融稳健的重要保障。20世纪初，美国金融市场逐渐成熟，各种金融工具和市场不断创新。期权、期货等衍生品市场逐步成形，风险管理理念被引入金融体系。然而，高波动性和风险带来频繁的金融危机，如1907年的银行恐慌事件，促使美国在1913年设立美联储（Federal Reserve System）以调控货币供应和维持金融市场稳定（Acharya et al.，2010b）。

在美联储成立的同一时期，蓝天法案（Blue Sky Laws）在美国各州推行（从1911年开始推行，现在还在起作用）。这些法律是为了保护投资者免于购买那些“不过是空中楼阁”般的证券，即毫无价值的、虚假的投资。19世纪末20世纪初，美国经历了快速的经济增长和工业化过程，证券市场也很繁荣。然而，由于监管的缺失，骗子和投机者大量存在，许多投资者因购买了虚假或不可靠的证券而蒙受损失。蓝天法案通过要求证券发行注册、公布详细的信息和规范经纪人的行为来保护投资者。每个州都设立了相应的证券监管机构，负责监督和执行蓝天法案。除了对证券发行进行监管外，蓝天法案还规定经纪人和证券经销商必须取得许可证，并遵守一定的运营标准。蓝天法案在打击证券欺诈和保护投资者方面发挥了重要作用。但由于各州法规不统一，执行标准和严格程度也各不相同，导致一定的监管真空。为了在全国范围内统一和加强对证券市场的监管，在经历了1929年股市崩盘和随后的经济大萧条后，美国国会于1933年通过了《证券法》，1934年通过了《证券交易法》，并建立了美国证券交易委员会（SEC）进行联邦层面的监管。尽管联邦法规的出现加强了全国范围内的监管，但蓝天法案在美国各州中的作用依然重要。州一级的监管补充了联邦监管，特别是在对小型和地方性证券发行的监管方面。蓝天法案在美国证券市场的发展中起到奠基性作用。

不过，监管也要适度，特别是要依据外部环境变化作出相应的调整。这在二战后美国投资银行的发展进程中有鲜明体现。

1933年，美国国会颁布的《格拉斯-斯蒂格尔法案》作出商业银行和投资银行分业经营的规定，短期内对美国投行业的发展有一定的冲击。一是创新受限。法案的分业监管限制了美国银行业的某些金融创新和多样化发展的机遇。一些投资银行不得不放弃传统的银行业务，专注于相对狭窄的投资银行领域。二是资金来源单一。与能够开展存款业务的综合性欧洲银行相比，美国的投资银行在资金来源上具有限制，进而影响其业务的扩展和市场竞争力的提高。我们不妨将之与欧洲银行业作对比。二战后，欧洲许多国家的银行业逐渐走向综合经营模式，银行既可以从事传统的商业银行业务，也可以从事证券和保险等投资业务。比如，德国的德意志银行（Deutsche Bank）、法国的巴黎银行（BNP Paribas）等均采取这种模式。综合经营模式使得欧洲的一些银行在国际市场上具有较强的竞争力，能够提供广泛的金融服务并迅速扩展国际业务。

尽管初期存在一些局限性，但随着时间的推移，美国的投资银行通过自我调整和适应市场需求，为自身发展找到了适宜的道路。美国投资银行在专业化发展方面逐渐积累起丰富的经验和专业知识，集中力量在证券承销和发行以及企业融资方面开展业务。比如，摩根士丹利、高盛等公司在投资银行业务中逐渐崭露头角，并在全球金融市场中占据重要地位。

以美国金融立法为例，1987年，美联储对《格拉斯-斯蒂格尔法案》第二十款作了重新解释，允许大银行通过建立第二十款规定的附属公司开展某些证券业务，如承销商业票据、市政债券、抵押担保债券和资产支持证券等。1989年，美联储批准银行第二十款规定的附属公司经营公司债券业，J.P.摩根公司成为第一家获准的金融机构。1990年，允许部分银行经营公司股票承销业务。1991年，商业银行大规模进入债券市场开展承销业务。1996年，美国货币监理署允许银行直接通过附属公司开展非银行业务。1997年，美联储又允许商业银行通过直接收购投资银行并将其转为第二十款规定的附属公司的方式经营证券业务。1998年4月，花旗银行与旅行者集团合并，成为美国第一家完全混业经营的银行持股公司。1999年11月4日，美国参众两院通过《金融服务现代化法案》，废除了《格拉斯-斯蒂格尔法案》，彻底拆除了银行业、证券业和保险业之间的藩篱，允许商业银行以金融控股公司（FHC）形式从事包括证券和保险业务在内的全面金融服务，实行混业经营，结束了美国66年的金融分业历史，开启了金融混业经营的新纪元。

这也带来美国金融行业新的融合和发展机遇。美国银行业开始进入全球金融市场，与欧洲全能银行展开激烈竞争。比如，花旗集团（Citigroup）等金融巨头得以在全球市场上拓展业务。

四、美国的金融霸权

一战和二战期间是美国金融霸权崛起的关键时段。一战之前，英国是全球最大的借贷国。然而，战时需求使得英国及其盟友需要大量金钱来支持战争。这使得这些国家需要从美国借款。战争期间，美国银行尤其是纽约银行提供了大量贷款。美元逐渐在国际贸易中占据重要位置，部分取代了英镑的地位。战争促进了美国经济的快速增长，美国工业产值大幅上升。这使得美国不仅成为世界上最大的经济体之一，还积累了大量的资本。一战结束后，美国成了主要的国际借贷国，给包括德国在内的许多国家提供重建经济的资金。20世纪20年代，华尔街逐渐成为全球证券市场的中心，进一步巩固了美国在国际金融体系中的地位。尽管1929年的大萧条对美国和全球经济造成了巨大的冲击，但美国通过一系列金融和货币政策（如新政）逐步走出困境，进一步显示了其金融管理能力。二战期间，美国通过租借法案向盟国提供了大量的物资和金融支持，而这些支持主要通过贷款和信贷实现。在战争末期的1944年，美国主导建立布雷顿森林体系。该体系确立了美元与黄金挂钩、其他主要货币与美元挂钩的制度，使美元成为国际储备货币。二战后，美国通过马歇尔计划（欧洲复兴计划）提供巨额援助，帮助欧洲重建。这不仅增强了欧洲经济，也进一步巩固了美国在全球政治经济中的主导地位。

美国金融霸权的崛起是一个长达30多年的过程，通过在一战和二战期间采取灵活且强有力的金融和经济政策，使得美元成为全球最重要的储备和交易货币，华尔街成为全球资本市场的标杆，纽约成为无可争议的世界第一国际金融中心，美国成为全球经济的主导力量。这一金融霸权为美国在冷战时期和后冷战时期的国际地位奠定了坚实的基础。

20世纪70年代，布雷顿森林体系崩溃，导致美元贬值和通胀上升。联邦储备系统通过加息控制通胀，尽管引发了短期经济衰退，但金融自由化和全球化趋势兴起，各国逐渐放松外汇和资本流动限制，使全球金融市场更加互联（Reinhart et al.，2009）。20世纪80年代，美国推行“减少监管”政策，金融创新如垃圾债、杠杆收购和期货市场兴起，信息技术推动跨国交易和实时数据处理，金融全球化进程进一步加速（White，1986）。20世纪末到21世纪初，信息技术和互联网企业成为投资热点，形成网络泡沫。2000年泡沫破裂，导致大量资本蒸发，股市骤跌，对科技行业和金融市场的冲击很大，但也促进了金融市场自我调整和监管机制的完善（Blinder，2013）。

2008年的金融危机被认为是自大萧条以来最严重的全球金融危机，次贷市场崩溃是导火索。房价下跌导致抵押贷款违约，影响到金融机构持有的衍生品，并蔓延至全球经济体。美国政府和美联储通过救助措施、经济刺激方案和量化宽松政策稳定市场，但也暴露出金融监管的漏洞，推动立法者重新审视金融系统的风险管理（Sorkin，2009；Acharya et al.，2010a）。2008年金融危机后，美国对其金融监管体系进行了全面改革。2010年通过的《多德-弗兰克法案》旨在减少系统性风险，加强对金融机构的监管。主要措施包括设立金融稳定监管委员会（FSOC）、引入沃尔克规则限制商业银行自营交易，并加强对衍生品市场的监管（Geithner，2015）。

随着金融科技的快速发展，新金融工具和服务层出不穷，如移动支付、区块链技术和智能投顾，对传统的金融体系形成巨大的冲击和激励。监管机构不断调整以适应这些变化，推动金融稳定和创新（Mishkin，2018）。

美国成为全球金融强国的历程充满了制度建设、市场创新和政府干预（加强监管）。通过不断适应和改革，美国不仅在金融体系中形成巨大的领先优势，还为其他国家的金融发展提供了经验和教训。

Chapter 3

第三章

金融强国的理论溯源

金融强国并不见诸西方主流文献，也鲜见于现代金融学教科书，与之相关的讨论主要涉及“金融霸权”“货币霸权”“金融结构性权力”“汇率武器”“金融国策”“金融制裁”等关键词。金融强国相关理论文献往往涉及多个交叉学科，包括经济学、国际关系学、政治学和金融学等。本章的金融强国理论溯源，一方面，从金融权力与金融周期的视角，探讨金融在一国强盛过程中的积极作用和消极作用；另一方面，基于中国所处发展阶段，探讨金融强国与中国式现代化之间的辩证关系。

第一节

与金融强国相关的理论文献

检索相关文献，涉及金融强国的理论主要有以下几个方面：国际金融权力、体系积累周期中的金融扩张、大国兴衰中的货币和债务周期、金融武器与金融国策、金融制裁等。通过对这些文献进行溯源，可以进一步揭示一国金融强大的潜在收益，以及金融扩张（或金融化）与霸权更替之间的复杂关联。

一、国际金融权力

在国际关系学科发展的近百年里，金融权力长期被主流理论和经验研究所忽略。直到20世纪70年代国际政治经济学（IPE）的诞生，特别是以苏珊·斯特兰奇的《国际政治经济学导论——国家与市场》一书的出版为标志，金融结构性权力才进入学术视野，并为解释一国金融的超越性影响力（比如金融霸权）提供了理论支撑。

斯特兰奇的创新在于，将金融结构性权力列入维系国际生产关系的四大结构性权力之中。斯特兰奇将全球政治经济中的权力分为两种——联系性权力（relational power）和结构性权力（structural power）。联系性权力是“甲靠权力使乙去做他本来不愿意做的事”。比如，1940年，德国靠联系性权力迫使瑞典允许德国军队穿过它的“中立”领土；美国凭借对巴拿马的联系性权力支配了巴拿马运河的航行条件。结构性权力是形成和决定全球各种政治经济结构的权力，其他国家机器、政治机构、经济企业，以及科学家和别的专业人员都不得不在这些结构中活动。比如，美国当时的结构性权力对小麦或玉米交易方式的影响，使得买卖双方可以进行套头交易[1]，即使苏联购买粮食，也会采取这种方式。伦敦的“劳埃德”是国际保险市场上的一个权威机构，它允许小保险商或承保人把大风险“卖给”大的再保险商，从而使该体系的运营以完全能承担和管理大风险的大国和大保险商为中心，需要保险的人必须照此办理。简言之，结构性权力就是决定办事方法的权力，就是构造国与国之间关系、国家与人民之间关系、国家与企业之间关系框架的权力。如果有一方在相互关系中也能决定周围的结构，那么，各方在相互关系中的相对权力就会增大或减小。

在国际政治经济学中，权力掌握在能够提供安全或拒绝提供安全的人的手里，也掌握在设法通过生产创造财富的人的手里。斯特兰奇认为财富、安全、自由和正义是人类社会追求的基本价值，基于这四种价值诉求的逻辑，她提出了结构性权力的四个来源，即安全结构、生产结构、金融结构和知识结构。这四种结构并不是孤立存在的，它们通过相互联系而产生结构性权力，从而在全球政治经济体系中发挥影响。

金融结构实际上有不可分割的两个方面。它既包括信贷得以建立的政治经济结构，也包括货币体系或确定作为信贷记账单位的不同货币汇率的体系。首先，建立信贷的权力由政府和银行分享（因此，大部分这种权力取决于两者之间的政治关系和法律条令方面的关系）；其次，不同货币之间的汇率是由政府的政策和市场决定的（同时也取决于政府给予市场多大程度的自由）。因此，可以将金融结构定义为支配信贷可获得性的各种安排与决定各国货币之间交换条件的所有要素的总和。

基本上，国际政治经济学中的金融结构可以被视为一个中途站，一种部分是真正的全球体系、部分仍旧是一系列国内金融和货币系统的杂交产物。之所以说这个结构具有全球性，是因为世界上所有主要的资本市场都十分紧密地联系在一起，它们在许多方面的作用仿佛它们同属一个体系一样。它们对该体系中其他地方的事态

[1] 套头交易又称套期保值或抵补保值，是指预期将来某一时间支付或收到一笔外汇资产时，为了避免汇率变动带来的损失，在外汇期货市场上买进或卖出相应的外汇期货合约以达到保值的目的。

会立即作出明显的反应。当银行家和证券交易者开展业务时，仿佛时区比政治界线更重要。他们常常组成辛迪加，在工作中相互支持，同时进行金融业务竞争。大金融企业在所有主要的金融中心都设立了分行或办事处，它们的存款客户难得会安心地把所有的钱都存在一个国家的银行里。但与此同时，各国货币继续共存这个事实，说明疆界的确仍旧存在。在各国疆界内，各国政府在政治上要对本国货币的坚挺或疲软负责——不管有的时候这是多么不公平。正是国家承担起这种责任，并尽力管理以本国货币为票面单位的货币价值——如美元、日元、德国马克或法国法郎的价值，从而为它所认为的国家利益服务。各国政府并非总是能够成功地实现它们为自己确定的目标，但它们至今都未曾放弃过充当货币管理人的角色，它们允许国际组织接管和承担的作用仍非常有限。尽管有些资产现在以被称为“欧洲货币单位”的一篮子欧洲货币为法定计算单位，同时用另一个被称为“特别提款权”的货币篮子（包括美元在内，欧洲货币单位中不包括美元）订了一些合同，但全球金融市场上的大部分交易和大部分信用手段，确实仍以这个国家或那个国家的货币为计算单位。总之，不妨说金融市场基本上是全球性的，而金融权力机构主要在各国。

斯特兰奇认为，在经济发达国家中，投资不是依靠利润积累所得的现金，而是依靠信贷创造。这其实是继承了熊彼特和凯恩斯的观点。因此，一国一旦获得他国对其创造信贷能力的信任，即发放信贷的权力，就拥有了动员全球资源的能力。20世纪70年代后的美国彻底摆脱了黄金的束缚，获得控制或滥用信贷记账单位货币的权力，因此在更有利可图的世界金融服务业市场上占据了优势，并将该市场作为营销其他行业的有效权力源泉。因此，在结构性权力分析框架下，当时多数学者认为的“美国霸权开始衰落”只是美国在传统产业上的衰落，实际上，金融结构性权力的提升增强了美国在世界经济中的权力，美国霸权非但没有衰落，反而得到强化。

斯特兰奇的结构性权力理论，对金融的超越性影响力作出了深刻的剖析。不过，金融影响力并不仅仅体现在结构性权力上，还包括更为基础的关系性权力、主导全球治理的制度性权力，以及作为软实力的观念性权力。因此，国际金融权力可以从纵向和横向两个维度形成一个分析框架（见表3-1）。横向维度是指国际金融权力的四种类型：关系性国际金融权力、结构性国际金融权力、制度性国际金融权力和观念性国际金融权力。纵向维度探索了特定类型权力内部的三大构成要素：实力、意愿和能力。实力是基础要素，是国际金融权力的客观（物质或观念）来源或载体。意愿在实践中往往表现为战略要素，即通过一国的宏观政策和战略体现出其对特定类型国际金融权力的意愿。能力描述的是操作要素，其与狭义的国际金融权力内涵最为接近，指的是国家进行权力博弈的具体操作方式。以上四种权力类型和三大构成要素共同形成关于国际金融权力的综合性分析框架，为把握金融强国的相关概念提供了重要的学理支撑。

表3-1　国际金融权力分析框架

分析项	关系性国际金融权力	结构性国际金融权力	制度性国际金融权力	观念性国际金融权力
实力（基础要素）	政策关联、投资关联、非投资关联	货币的国际地位、金融市场的国际吸引力	在国际金融组织中的权力、在国际金融规则制定中的角色	国内金融知识和观念创造、有特色的本土经济意识形态及其他软实力
意愿（战略要素）	双边金融关系战略定位	货币国际化和金融市场开放战略及政策	国际金融制度战略	经济意识形态认知、身份与发展模式定位
能力（操作要素）	政策施压、金融操控、金融强制	结构依赖、榨取财富、转移成本和体系破坏	制度诱惑、制度强迫	设置国际议程、塑造话语体系、建立国际规范

资料来源：张发林（2020）。

二、体系积累周期中的金融扩张

无论是金融权力还是金融国策，都更多地强调了金融强大的“好处”。但事实上，金融是柄双刃剑，过度金融化所带来的负面作用是非常明显的。因此，金融

（力量）周期和国家兴衰有着诸多重合之处和复杂的因果关联，任何单向的思维都是不全面甚至是具有误导性的。

马克思关于资本的一般公式（MCM）可以被解释为不光描述了单个资本主义投资的逻辑，也描述了作为世界制度的历史资本主义反复出现的格局。这种格局的中心方面是物质扩张阶段（资本积累的MC阶段）与金融再生和扩张阶段（CM'阶段）的交替更迭。在物质扩张阶段，货币资本使越来越多的商品（包括商品化的劳动力和大自然的恩赐）“开始运转”；在金融再生扩张阶段，越来越多的货币资本从商品形式中“自我解放”出来；积累通过金融交易（马克思的简略公式MM'）不断进行。这两个时期或阶段一起组成了一个完整的体系积累周期（MCM'）。

阿里吉（2022）以金融扩张为基点识别分析了资本主义扩张史上的四个“体系积累周期”（systemic cycles of accumulation）：第一个周期是从15世纪到17世纪初的热那亚周期，第二个周期是从16世纪末到18世纪的荷兰周期，第三个周期是从18世纪末到20世纪初的英国周期，第四个周期是从19世纪开始持续到现在的金融扩张阶段的美国周期（见图3-1）。每个周期中都有一个金融从实体经济（如商贸、生产等）中抽离而自我扩张的阶段。这个阶段可以看作资本从某个特定的投入-产出组合（比如商业资本或产业资本）转向货币资本和金融资本，后者（货币资本和金融资本）意味着资本在为自己寻求更大的流动性、灵活性和选择自由。这一倾向在15世纪的意大利就已经很明显。布罗代尔（2017a）指出，在16世纪下半叶，资金过剩的热那亚曾走过这条道路，专一向天主教国王放款的“旧贵族”逐渐脱离了积极的商业活动。阿姆斯特丹竟然重蹈覆辙，抛开“仓储贸易”的实际利益，追求食息取利的空幻希望，甚至以其资金推动伦敦的繁荣。继荷兰之后，英国在19世纪末20世纪初也重复了这种现象，当时工业革命这一宏伟事业的结束，造成了货币资本供应的过剩。美国资本在20世纪七八十年代走上了一条相似的道路。

国债，即国家的让渡，不论是在专制国家、立宪国家，还是共和国家，总是给资本主义时代打下自己的烙印[1]。与国债同时产生的，还有国际信用制度。国际信用制度常常隐藏着这个或那个国家原始积累的源泉之一。例如，由于没落的威尼斯以巨额货币贷给荷兰，威尼斯的劫掠制度的卑鄙行径就成为荷兰资本财富的这种隐蔽的基础。荷兰和英国的关系也是这样。18世纪初，荷兰已不再是一个占统治地位的工商业国家，因此它的主要业务之一就是贷放巨额资本，特别是贷给它的强大的竞争者英国。现在英国和美国之间也发生了类似的情形[2]。

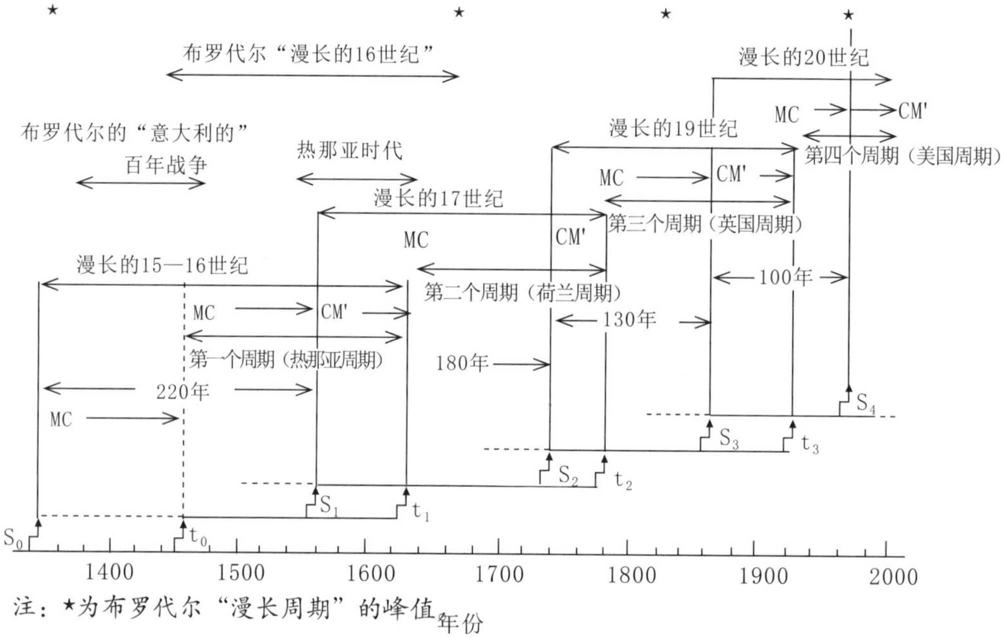

注：★为布罗代尔“漫长周期”的峰值

图3-1　漫长的世纪和体系积累周期

资料来源：阿里吉（2022）。

[1]　中共中央马克思恩格斯列宁斯大林著作编译局.资本论：第1卷[M].北京：人民出版社，2004:754-755.

[2]　中共中央马克思恩格斯列宁斯大林著作编译局.资本论：第1卷[M].北京：人民出版社，2004:755-756.

马克思的表述尽管关注国家信用（国债）与国际信用制度（跨国贷款），却揭示出这些曾经的金融强国在其体系积累周期的晚期都走向了货币金融资本主导阶段。这一分析与前述布罗代尔的观察是高度吻合的。

金融扩张和从实体经济“抽离”的开始阶段，可以看作那个占主导地位的积累体制的“信号危机”。就是在这个时候，体系积累过程的主导机构开始越来越多地将资本从贸易和生产转向金融买卖和投机。这种转移体现了一次危机，也就是说，它标志着一个转折点、一个决定性的关键时刻；体系积累过程的主导机构通过这种转移表明它对剩余资本重新投资于世界经济的物质扩张之中能否继续获利作出了否定的判断，同时，对通过专门从事大金融资本投资能否在时间和空间上延长它的领导和主导地位作出了肯定的判断。这种危机是一场体系深处的危机的信号。然而，转向大金融资本可以暂时阻止这场危机的爆发。事实上，这种转变还能起到更多的作用：它可以把物质扩张的末期变成一个“美妙时刻”，物质扩张的促进者和组织者能够继续获得财富和势力。它在四个体系积累周期中都起到这种作用，只是程度不同、方法不同而已（阿里吉，2022）。

从资本积累体系与权力体系的关系来看，早期的资本积累体系完全基于并从属于权力体系，但随着积累体系的不断扩张乃至最后覆盖全球，资本积累体系越来越脱离权力体系并支配权力体系。因此，为了成功追求权力，政府不仅在立国和发动战争的过程中，而且在资本积累的过程中必须起带头作用。资本主义世界经济从一种积累体系完全基于并从属于权力体系的制度，转变为一种权力体系完全基于并从属于积累体系的制度，经过一系列的体系积累周期，每个周期都包含一个物质扩张阶段和一个接踵而来的金融扩张阶段。其中，金融扩张代表着一个宣言，不仅宣布资本主义世界体系的一个特别发展阶段已经成熟，而且宣布一个新阶段已经开始。

从马克思主义政治经济学的角度看，资本积累规律决定了霸权实现形式，金融扩张和由此形成的金融权力，是从属于资本积累规律的。这意味着资本主义金融扩张的逻辑（包括从商业资本与产业资本转向金融资本的逻辑）从属于资本积累的大逻辑，从根本上诠释了为什么资本主义社会的金融发展是以资本为中心而不是其他。皮凯蒂（2014）也表达了类似的观点。他认为，资本积累的金融化趋势是：资本从来不是一成不变的，至少在初期总是伴随着风险与企业家精神，但也总是在积累到足够大的数额后向租金的形式转化，那是它的使命，也是它的逻辑终点。

进一步来说，体系积累周期中的金融扩张和从实体经济中“抽离”而形成的金融化是发展阶段走向成熟的标志，也是那个占主导地位的积累体制的“信号危机”——它将会被新的积累体制所取代。热那亚周期、荷兰周期、英国周期与美国周期中所呈现的不断继起的金融扩张，一方面能够产生超越性的全球金融影响力，另一方面也在宣告旧积累体制走向没落和新积累体制（以及与之相适应的新一代强国）崛起。

三、大国兴衰中的货币和债务周期

达里奥（Dalio）主要围绕财富和权力的起落来展现大国兴衰。他认为，权力和财富的转移是周期性的，这些周期通常包括以下几个阶段：①崛起：一个国家通过创新、有效的治理和强大的经济增长，逐步积累财富和权力。②顶峰：国家达到其财富和权力的顶峰，通常伴随着强大的军事力量和文化影响力。③衰退：由于内部问题（如债务、腐败、社会不平等）和外部挑战（如战争、竞争对手的崛起），国家逐渐失去其优势。④衰落：国家的经济和政治结构崩溃，财富和权力转移到其他新兴大国。

达里奥将财富和权力转移背后的驱动因素归纳为17个。但在达里奥看来，最重要的还是货币和债务周期。达里奥的这一说法，与前面讨论的体系积累周期中的金融扩张有异曲同工之处，只是他更强调货币和债务周期。考虑到货币与债务相当于一个硬币的两面，二者均是国家信用的表现形式，因此，货币和债务周期恰恰是大金融周期的极简形式。

达里奥将货币和债务周期融入大国兴衰的框架，重述了500年来权力和财富的转移。正如人类的生命周期一般持续80年（上下）且没有两个完全相同的（但大多数是相似的）一样，国家也有一个类似的生命周期，并且有自己的典型模式。在用一套新的规则建立了新的世界秩序之后，通常会有一个和平和繁荣的时期。随着人们习惯了这一状态，会认为繁荣将持续下去，投资者用过去的收益推断未来，并借钱继续押注这些收益会继续产生，这就在扩大贫富差距的同时形成了债务泡沫。因为有些人从这种货币造就的繁荣中获益更多，他们越来越多地借钱并用于支出，债务越积越多，最终形成债务泡沫。

随着繁荣程度的提升和金融的扩张（债务积累也成为金融扩张的一个源泉），财富差距越来越大，最终引致债务泡沫破裂。这种情况一直持续到中央银行用尽有效刺激信贷和经济增长的手段。随着资金的收紧，债务泡沫破裂，信贷合同违约，经济也随之收缩。同时，当存在巨大的贫富差距和债务问题以及经济萎缩时，国家内部和国家之间经常就财富和权力发生冲突。当债务和经济问题处于这种情况时，中央政府和中央银行通常会创造货币和信贷及（或）使货币贬值。这导致债务体系、货币体系、国内秩序和世界秩序重组，然后重大周期再次启动。

通常，在周期的后期，赢得上次经济和地缘政治战争的领先国家相对于繁荣时期崛起的竞争对手来说，实力已经没有那么强大，在糟糕的经济条件和大国之间的分歧下，通常会有某种战争。在债务之外，革命和战争导致经济、国内秩序和世界秩序的崩溃，并带来新的赢家和输家。然后，赢家聚集在一起，创造新的国内秩序和世界秩序。

新的世界秩序通常是在国家内部（通过某种形式的革命）和国家之间（通常通过某种形式的战争，尽管有时是和平的）的运作方式发生根本变化之后出现的。它们以强有力的方式改变了财富和权力所属，以及获得财富和权力的方法。从对荷兰和英国的研究中可以看出，资本主义是这些国家取得成功的关键，但也导致它们失败。它们之所以成功，是因为追逐利润的动机驱动着人们，竞争性分配资本和利润的方式使资源相对有效地流向人们愿意购买的产品和服务上。在这个系统中，那些能够有效地进行资源分配的人便从中获利，获得更多的资源，而那些无法做到有效地分配资源的人则会失败。

同时，这种增加财富的制度产生了越来越大的贫富差距和机会鸿沟，并使得普通民众在日益减少的工作和不断增加的债务面前堕入深渊。随着贫富差距和机会鸿沟的扩大，人们越来越普遍地认为该系统存在不公平性。在贫富差距扩大的时期，一旦遇上债务问题和其他因素导致经济状况变差，就容易产生内部冲突，导致财富和权力所属及获得财富的方式发生革命性变化。有时，这些重大变革以和平的方式进行，而有时则通过暴力实现。在主要国家面临内部冲突的同时，其竞争对手国家变得足够强大可以挑战它们，这时外部战争的风险就会增加。当国家内部或国家之间发生财富和权力分配方式的剧烈变化时，旧的世界秩序就会崩溃，新的世界秩序于是开始（见图3-2）。

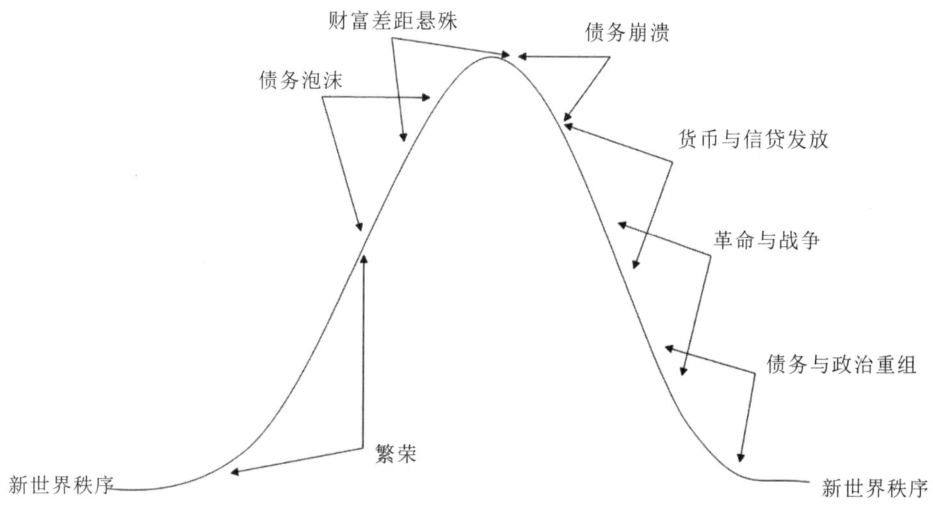

图3-2　帝国兴衰背后的典型大周期

资料来源：Dalio（2021）。

金融是把双刃剑，在一国崛起的过程中，货币金融（包括债务）因素可以起到重要的推动作用，正如当年的英国依靠更低的成本发行公债打败了法国，但过度负债、金融泡沫也会削弱一国的国力甚至导致其崩溃。1720年，约翰·劳“造就”的密西西比泡沫对法国的打击可谓不小；而1929年的美国股市泡沫将整个西方世界带入了大萧条。20世纪80年代的拉美债务危机和90年代末的亚洲金融危机，也都印证了货币和债务周期在一国经济起落（兴衰）中扮演的重要角色，正所谓“金融活，经济活；金融稳，经济稳”。

四、金融武器与金融国策

俄乌冲突以来，美国的金融制裁和金融武器化已经人所共知。其实，在多年前，这类问题就已经在金融国策和货币国策的框架内讨论了。

所谓金融国策（financial statecraft），即金融外交战略，核心是对国际资本流动施加影响，大体体现在四个方面：确保或限制资本流动，对非国家实体实施金融制裁，在他国发生货币危机时承销该国债券，货币联盟或美元化（Steil et al., 2006）。从广义上来说，金融国策是一国利用其在金融方面的全球影响力（如所谓的国际金融权力），对他国实施影响和控制。从这个角度来看，金融国策论是国际金融权力论的进一步应用和拓展。

货币国策（monetary statecraft）是金融国策的一部分，是指通过操控货币环境来影响其他国家政策的努力，这是二战后全球经济反复呈现的一个特征。在过去40年的若干关键时刻，美国利用欧洲和东亚国家的弱点改变其货币对美元的汇率，竭力迫使其政府和央行进行政策调整。尽管汇率武器（exchange-rate weapon）在某个阶段比其他阶段更成功，但是在贸易失衡调整的国际冲突中，它一直扮演着关键角色（Henning，2006）。在过去的半个世纪里，国际货币关系呈现出明显的周期性。每个周期从相对和谐开始，继而进入失衡调整中的高度对抗，最终达成某种程度的和解，进入新的相对和谐阶段。如此周而复始。亨宁（Henning）把近50年分成5个周期：①20世纪70年代初布雷顿森林体系崩溃；②1978年波恩峰会解决世界再通胀冲突；③20世纪80年代中期的《广场协议》《卢浮宫协议》；④20世纪90年代前期和中期的经济衰退和复苏；⑤21世纪的纠纷。在每个周期中，美国政府总是压迫欧洲和日本政府或央行采取扩张举措，并且自己主动鼓励美元贬值（Henning，2006）。这一系列事实背后的完整逻辑链条是：全球失衡引发经济冲突，经济冲突需要政策协调，协调过程受制于美国的金融权力特别是货币霸权，汇率是实现其金融权力的关键武器。

金融国策除了汇率武器，还有其他金融战略（或武器）。比如推行美元化、金融自由化、美元互换协议，以及将他国排除在国际资金清算系统（SWIFT）之外的金融制裁等。

关于美元化，金融国策的提出者（Steil et al.，2006）认为，在美国国境之外推行美元化是非常符合美国利益的行为。鉴于当时无论是欧元还是别的货币，都无法替代美元的地位，美元化的戛然而止会更加令人担忧。美元化的失败不仅意味着巩固货币进程的失败，更意味着将来会有更多的危机和更多的反全球化思潮。他们进一步对未来的美国金融国策提出期望：美国的安全与长期繁荣的、自由的、有规则的、各国人民渴望依附的国际经济政治秩序密不可分。鉴于数字时代金钱和安全的本质，金融市场是这一秩序中非常重要的一个部分。市场适应着各国规则，也利用各国规则进行套利，而且套利的方法和速度常常是政策制定者们所不能完全预料和评估的。金融国策的提出旨在让这一评估工作做得更好，使未来的金融国策更加明智和有效。

金融国策从另一个角度阐明：金融如果不够强大，将可能成为大国金融战争的牺牲品。

五、金融制裁

如果说货币国策、金融国策还仅仅是将汇率作为武器的话，那么金融制裁则是将整个金融（体系）作为武器来使用。俄乌冲突中，美国等西方国家对俄罗斯的金融制裁就是典型的金融武器化。当制裁涉及商品贸易时，理解它们的运作相对较为容易：某些商品要么被允许越过国界，要么被禁止。金融制裁则涉及资金流动，这些资金流动是通过金融机构的网络进行的。金融制裁通常限制受制裁实体（国家、企业甚至个人）购买或出售某些金融资产。金融制裁还可以施加在“托管服务”上，这涉及实体存储或管理受制裁实体金融资产的能力。其他金融服务，如提供财务指导或财富管理，也可以包括在内。一种特别具有破坏性的金融制裁形式是限制对国际支付基础设施（如SWIFT国际资金清算系统）的访问。通过切断对这些系统的访问，让受制裁实体难以参与全球贸易和金融活动，从而对其施加重大压力，迫使其遵守国际规范。

金融制裁已成为国际关系和政策实施中的一个重要工具，尤其是在一个全球相互联通的金融体系中。金融制裁旨在限制违反国际规范的实体的金融活动，从而在不诉诸军事干预的情况下对其施加经济压力和政治压力。金融制裁在几十年间显著演变。20世纪中期的金融制裁主要是广泛地针对整个国家。随着国际金融体系变得愈加复杂和一体化，金融制裁的性质也发生了变化。向目标制裁的转变，旨在尽量减少人道主义影响，同时直接影响责任方。金融制裁的早期实例包括国际联盟对意大利（1935—1936年）的制裁和联合国对罗得西亚[1]（1966—1979年）的制裁。到了20世纪80年代和90年代，金融制裁的使用显著增加，并在90年代达到高峰。21世纪以来，金融制裁策略进一步精细化，金融制裁的频率和精确度均有所提高（Felbermayr et al.，2020）。

金融制裁的效果因多个因素而异，这些因素包括目标的经济结构、国际合作程度和制裁范围等。研究表明，金融制裁虽然可以成功地实现适度的政策变化并削弱目标政权，但通常在迫使目标作出重大战略转变方面效果较差（Pape，1997）。当金融制裁作为多边努力的一部分且获得广泛的国际支持时，它们特别有效。单边制裁或参与有限的制裁往往由于规避策略和替代金融网络的存在而无法实现预期的

[1]　罗得西亚，现津巴布韦。原为南部非洲的英国殖民地，1965年11月11日单方面宣布独立之后取名“罗得西亚”，1980年4月更名为津巴布韦，并获得国际社会普遍承认。

结果。

金融制裁能对目标施加显著的经济压力，通常导致GDP下降、通货膨胀和外资减少。然而，这些措施也可能带来意想不到的人道主义影响，比如减少普通民众获取基本商品和服务的机会（Peksen，2016）。此外，金融制裁的实施可能会对预期目标之外的主体产生影响。比如，制裁国的企业和金融机构可能面临合规成本和商业机会损失，而全球金融网络的中断可能导致市场波动增加和经济稳定性下降。

受制裁实体通常会采用各种策略来规避金融制裁，比如使用替代货币、创建空壳公司和利用监管较少的金融系统等。金融技术的创新，如加密货币，也给金融制裁的执行带来新挑战。不过，现阶段加密基础设施不具有足够的可扩展性，无法为金融制裁提供大型逃生舱口。比如，虽然传统金融系统每天处理数万亿美元的支付，但比特币交易通常低于100亿美元。因此，虽然个人可以转移少量资金（如数万美元），但加密资产不可能为非常大的转移提供途径。应对规避策略的努力包括更严格的金融监管、改进的国际金融情报合作和使用高级监控技术。确保金融制裁适应不断变化的金融实践，对于维持其有效性至关重要。

需要强调的是，金融制裁往往是金融霸权国所拥有的国际金融权力的运用（滥用）。它与金融国策一样，从反面体现出一国金融强大的必要性：一国金融不够强大，其金融安全就会受到金融霸权国的金融制裁威胁。

第二节

金融强国与中国式现代化

从世界各国的现代化进程来看，金融无不在其中发挥了重要作用。这实际上打破了新古典经济学中的货币金融“面纱论”“中性论”。从文献看，金融发展促进长期增长的理论分析与实证研究层出不穷，为金融强国建设提供了一定的学理支撑。

一、金融发展与长期增长

Bagehot（1873）较早强调了金融在经济发展中的作用，特别是在英国工业化过程中，金融在便利资本流动方面功不可没。Schumpeter（1912）也指出，银行在为企业家的创新活动提供资金方面起了很大作用。二战以后，Gurley et al.（1960）推动了货币金融与经济发展关系的开创性研究。他们指出，金融的作用在于把储蓄转化为投资，从而提高全社会的生产性投资水平。随后，Patrick（1966）考察了欠发达国家金融发展与经济增长的关系，二者的逻辑关联是：金融发展促进资本存量的增加，从而导致实际产出的增长。Gerschenkron（1962）研究了19世纪中叶到一战时期欧洲工业化中不同融资模式与经济发展的关系，形成了比较金融研究的雏形。进入20世纪70年代，出现了麦金农（McKinnon）和肖（Shaw）的金融抑制-金融深化理论（McKinnon，1973；Shaw，1973）。他们反对利率管制和金融压抑，主张把金融自由化和金融发展作为促进经济增长的政策。金融自由化是麦金农-肖理论的核心。他们相信金融部门和其他经济部门一样，依靠市场的自发力量可以达到均衡状态，即帕累托状态。而在此前，主导性看法是金融部门和其他经济部门不同，金融部门的有效运行离不开政府的干预（后来的斯蒂格利茨仍然坚持这种意见），二人则对此提出质疑并主张尽可能减少政府对金融的干预。麦金农-肖模式的贡献在于，建立了金融深化（或金融自由化）与经济增长关系的分析框架。20世纪80年代以来内生增长理论的出现，为金融与经济增长的关联研究提供了新的视角。不少学者在内生增长理论的基础上发展出内生金融增长理论，他们在模型中引入诸如不确定性（偏好冲击、流动性冲击）、不对称信息（逆向选择、道德风险）和监督成本等因素，对金融中介和金融市场的内生增长作出了颇有说服力的解释（张晓晶，2022）。

在理论与机制分析的基础上，也涌现出大量经验研究文献。早期的经验研究未能指出金融发展与经济增长之间的因果关联。第一个尝试解决上述问题的是King et al.（1993）。他们通过精心设计（反映金融发展程度的）指标和对其他与增长相关的变量进行控制，明确了二者的因果关联：金融发展的初始水平可以很好地预测后来的经济增长、资本及生产率增长。不过，该研究本身也有不足，比如对因果关系的检验。Rajan et al.（1998）指出，如果金融市场增加借款是由于预期到未来更快的增长，那么，金融发展的初始水平就可能是一个先行指标而不是起因。一个解决因果问题的办法是找到这样一个指标，它不可能受经济增长的影响却能衡量金融发展的某个方面。Roubini et al.（1995）发现，存款准备金率符合这一要求。这一指标基本不受经济增长的影响，但它可以作为金融压抑的一个标志，与经济增长呈负相关。拉詹（Rajan）与津伽勒斯（Zingales）采用的是另一套解决办法——将金融与增长的关系分解。他们认为，金融发展减少了外部融资的成本，从而促进了增长。

金融发展之所以能够促进长期增长，正在于金融独特的功能。根据Merton et al.（1995）的说法，金融因为便利了经济资源在不确定性条件下的时空配置，所以提高了经济运行效率，从而促进了经济增长。具体而言，金融由于在支付结算、资源动员、风险配置和信号显示等方面发挥的功能，减少了经济运行中的广义交易成本，促进了资源的有效配置，从而带动了经济增长。

二、金融强国与中国式现代化的辩证关系

金融发展促进长期增长，从一个角度论证了一国现代化与金融支持的密不可分；而经济金融共生共荣则为把握金融强国与中国式现代化的辩证关系提供了理论基础。

习近平指出："金融活，经济活；金融稳，经济稳。经济兴，金融兴；经济强，金融强。经济是肌体，金融是血脉，两者共生共荣。"[1]从经济大国迈向经济强国，必然伴随着金融由大变强。一方面，金融活，经济活；金融稳，经济稳。建设金融强国应坚持把金融服务实体经济作为根本宗旨，坚持把防控风险作为金融工作的永恒主题。另一方面，经济兴，金融兴；经济强，金融强。中国经济基本面好、韧性强、潜力大、活力足，为金融业持续健康发展和不断强大奠定了坚实的基础。强大的经济基础是建设金融强国的基本前提。

金融强国与中国式现代化的辩证关系是经济金融共生共荣理论的延伸和拓展。习近平总书记强调：坚持经济和金融一盘棋思想，认真落实中央金融工作会议的各项决策部署，统筹推进经济和金融高质量发展，为以中国式现代化全面推进强国建设、民族复兴伟业作出新的更大贡献[2]。一方面，建设金融强国的根本目的是服务中国式现代化。以中国式现代化全面推进强国建设、民族复兴伟业，是新时代最大的政治。金融强国建设与社会主义现代化强国建设密不可分，并且服从服务于中国式现代化，二者是局部服从整体、具体目标服务总目标的关系。另一方面，现代化强国必然是金融强国，全面建成社会主义现代化强国离不开强大金融体系的关键支撑，金融强国建设也只有在推进中国式现代化的伟大进程中才能实现。推进中国式现代化是最大的政治，高质量发展是新时代的硬道理。推动金融高质量发展，助力

[1] 中共中央党史和文献研究院.习近平关于金融工作论述摘编[M].北京：中央文献出版社，2024：6.

[2] 坚定不移走中国特色金融发展之路 推动我国金融高质量发展[N].人民日报，2024-01-17（1）.

中国式现代化，是金融强国的内在要求。作为中国经济的重要组成部分，金融必然要深度融入中国式现代化的历史进程之中。以金融强国为目标、推动金融高质量发展的逻辑内嵌于中国式现代化的大逻辑之中。

Chapter 4

第四章

金融强国的关键要素

从金融强国崛起的一般规律来看，关键核心要素对金融强国建设的支撑作用是至关重要的。围绕这一重大问题，国内外学术界此前虽有一些研究，但总体而言较为零散，并未形成系统的理论框架（详见第三章的理论文献梳理）。习近平总书记在省部级主要领导干部推动金融高质量发展专题研讨班开班式上明确提出，金融强国应当基于强大的经济基础，具有领先世界的经济实力、科技实力和综合国力，同时具备一系列关键核心金融要素，即：拥有强大的货币、强大的中央银行、强大的金融机构、强大的国际金融中心、强大的金融监管、强大的金融人才队伍[1]。以上论述可概括为“1+6”。“1”是指强大的经济基础，“6”是指六个关键核心金融要素。习近平总书记的上述重要论断首次系统揭示了金融强国的核心特征，指明了金融强国建设的战略方向，为学术界开展金融强国理论研究提供了思想指南和根本遵循。

时至今日，我国已成为金融大国，但还不是金融强国。要基于现实情况分析金融强国的关键核心金融要素的形成过程和作用机理，就需要从荷兰、英国和美国等世界性金融强国的历史发展进程中提炼事实、总结经验、形成框架。

[1] 坚定不移走中国特色金融发展之路 推动我国金融高质量发展[N]. 人民日报，2024-01-17（1）.

第一节

系统把握“1+6”

一、形成强大的经济基础

（一）历史逻辑

从历史逻辑维度看，纵观荷兰、英国和美国的金融发展历程，强大的经济基础始终是建设金融强国的根基。

荷兰盾的世界货币地位建立在荷兰的经济强国特别是贸易强国的基础上，荷兰通过大力发展商业贸易积累财富，其货币通过大量的金融创新和服务国际贸易的方式向海外拓展。英镑崛起并取代荷兰盾成为世界货币，基于英国工业革命以及由此形成的“世界工厂”地位。美元的强大则依赖于美国强大的经济实力、科技实力和综合国力。二战后，美国的经济体量占世界的比重超过50%，比所有其他国家的总和还要多；在科技实力方面，美国一直执世界之牛耳；美国的综合国力居世界第一位。强大的经济基础成为推动经济金融良性循环的有力支撑，有利于吸引全球金融资源，并为强大而稳定的货币提供基础性保障。

（二）理论逻辑

从理论逻辑维度进一步分析经济与金融的关系，可以更加准确地把握习近平总书记“金融强国应当基于强大的经济基础”[1]重要论断的科学内涵。

习近平总书记深刻指出，经济是肌体，金融是血脉，两者共生共荣[2]。“肌体”与“血脉”的比喻表明，经济与金融之间有着紧密的联系，要树立经济和金融一盘棋思想，以系统观念来把握二者的关系。具体来看，金融之于经济，显然是第

[1]　坚定不移走中国特色金融发展之路 推动我国金融高质量发展[N].人民日报，2024-01-17（1）.

[2]　中共中央党史和文献研究院.习近平关于金融工作论述摘编[M].北京：中央文献出版社，2024：6.

二性的，它发挥的是服务性、支撑性作用；而经济对于金融，则有着决定性作用，是决定金融能否兴、能否强的因素，发挥的是主导性、基础性作用。

在经济和金融的循环流转中，实体经济发展是根本，金融服务是支撑，两者之间相互联系、相互依存、休戚与共，统一于中国式现代化进程之中。经济兴，金融兴；经济强，金融强；一国的经济是决定金融能否兴旺强盛的第一性、主导性、基础性因素。雄厚的经济实力、科技实力和综合国力能够为金融强国建设提供坚实的物质技术基础和广阔的市场空间。没有雄厚的实体经济基础和稳定的经济运行作为根基，金融发展便无所依托，就会成为无本之木。

在重视经济对金融基础性作用的同时，我们也要看到，金融是国民经济的血脉，持续不断地将作为国民经济血液的货币资金输送到经济肌体当中，服务于经济社会的持续发展。金融发展对经济发展发挥着不可或缺的服务性、支撑性作用。

金融对经济的关键作用还可进一步展开理论分析。在市场经济条件下，一切社会经济活动都是通过交易展开的，凡交易都需要有货币作为媒介，货币发生有条件的转移就意味着金融活动的出现。于是，货币金融活动便通过交易深深地渗透到社会的各个领域和各个层面。因此，经济发展与运行须臾离不开金融活动。有了金融活动之后，这个货币单位便可在一定的时间内，以一定的代价，并被赋予一定的附加条件，从某一个经济主体手中转移到另一个经济主体手中。货币的转移引导各类实体资源朝着相反的方向转移，资源配置得以完成。总体而言，金融的作用就是使得储蓄资源跨主体、跨空间地有条件转移，通过“物随钱走”的市场机制，将储蓄转化为投资，从而引导实体经济中的资源配置。如果资源配置到生产效率较高的部门，则其使用效率也得到提高。

在现代中央银行制度下，一国的法定货币是以国家信用为支撑、所有人都务必接受的支付手段。从这个意义上说，法定货币代表了对实体资源的支配权。当手握信用货币或纸币的投资者需要获取实体资源来从事生产活动时，投资者就使用金融工具将储蓄存款或其他类型的金融资产转移到自己手中，并将储蓄者拥有的实体资源所有权转移到自己手中。此后，投资者拥有支配实体资源的权利，而储蓄者则获得对金融资产的所有权。学术界倾向于使用“资金”（funds）或“可贷资金”（loanable funds）来指代从储蓄者手中转移到投资者手中的实体资源数量[1]。从根本上说，可贷资金的多寡取决于国民储蓄的高低，但中央银行也可以通过增加货币供给量来更多地动员储蓄。而金融服务有效供给的增加则既可提高国民储蓄率，也可提高从储蓄向投资的转化效率，从而增加可贷资金数量，扩大资本形成规模，推动经济实现质的有效提升和量的合理增长。

正是因为金融对实体经济有如此重要的支撑作用，所以，在迈向社会主义现代化强国的征程中，我们必须加快培育一系列关键核心金融要素，从而更加有效地利用现代金融体系在资源配置过程中的媒介功能来引导储蓄资源跨主体、跨空间转移，并且将储蓄有效地转化为投资，以金融强国建设助力强国建设、民族复兴伟业。当我国形成强大的经济基础，具有领先世界的经济实力、科技实力和综合国力时，金融强国建设就有了坚强的依托和保障。

（三）实践逻辑

从实践逻辑维度看，未来我们还需要坚持经济和金融一盘棋思想，自觉将经济和金融工作放到推进中国式现代化这个大局中去思考和定位，聚焦经济建设这一中心工作和高质量发展这一首要任务，在党中央集中统一领导下统筹推进经济和金融高质量发展。

最关键的是要夯实经济高质量发展的基础，夯实金融强国建设所需的强大经济基础。特别是要坚持依靠全面深化改革和扩大开放增强发展内生动力，统筹推进深层次改革和高水平开放，不断解放和发展社会生产力、激发和增强社会活力，发展新质生产力，由此构筑领先世界的经济实力、科技实力和综合国力。其中，高水平科技自立自强尤为重要。

[1]　资金与货币的区别可参见：余永定.货币主义的挽歌还是救赎？[J].经济学（季刊），2020，20（5）：25-34.

发展新质生产力，既是发展命题，也是改革命题。关键是通过进一步全面深化改革，让各类先进优质生产要素向发展新质生产力顺畅流动。必须根据新质生产力发展需要，准确把握科技创新和产业创新活动的特性，着力打通新质生产力发展的资金瓶颈和补齐金融制度短板，建立高标准金融市场体系和金融机构体系，创新资本要素配置方式，以资金血脉的畅通促进各类先进优质生产要素向有利于形成新质生产力的领域和方向顺畅流动。以金融改革发展促进新质生产力发展，核心目标是以高水平的金融服务供给助力高水平科技自立自强，构筑产业竞争新优势。简单地说，就是推动“科技—产业—金融”良性循环，实现科技、产业、金融三类活动的高水平互动，形成共促新质生产力发展的强大合力。

二、具备“六个强大”

强大的货币、强大的中央银行、强大的金融机构、强大的国际金融中心、强大的金融监管、强大的金融人才队伍这六个金融强国的关键核心金融要素是具有内在联系的有机整体，系统展现出金融强国的基本特征。可将这六个要素分为三个层次进行论述。

第一个层次：强大的货币和强大的中央银行，它们是金融强国的宏观标识。首先，货币是金融的基础，强大的货币是金融强国的基础。金融强国的货币应当成为重要的计价货币、支付货币、结算货币和国际储备货币，从而使得金融强国的国家信用成为全球信用，用以动员全球资源为我所用。其次，中央银行是专事发行货币、调控货币的机构，拥有了强大的中央银行，才能确保拥有强大的货币。金融强国的中央银行，必须能够通过货币的发行来动员全球资源，通过科学稳健的金融宏观调控来稳定本国与全球经济金融运行，通过高质量的金融基础设施服务来畅通国民经济循环。

第二个层次：强大的金融机构和强大的国际金融中心，它们是金融强国的微观基础。金融机构是金融体系的市场主体和微观细胞，一国金融实力的壮大，需要以强大的金融机构为基本支撑。一流的金融强国一定拥有一流的商业银行、一流的投资银行、一流的保险公司。强大的金融机构必须能够有效服务实体经济发展，有效防范化解金融风险，有力争夺国际金融体系当中某一领域的话语权、影响力和定价权。国际金融中心是聚集全球金融资源、为全球提供高效金融服务的增长极。强大的国际金融中心是金融强国的重要标志之一。伦敦成为国际金融中心的进程，清晰地反映出英国走向金融强国的轨迹；而纽约国际金融中心地位的确立，也与美国的金融强国历程紧密相连。在我国迈向金融强国的征程中，国际金融中心建设同样是不可或缺的重要一环。

第三个层次：强大的金融监管和强大的金融人才队伍，它们是金融强国的坚强保障。建成金融强国，需要一系列保障条件，金融监管和金融人才队伍是这些保障条件中至关重要的两个。一方面，强大的金融监管是确保金融体系平稳运行、守住不发生系统性金融风险底线的重要保障。在金融强国建设中，必须根据本国金融体系的发展水平、结构变化和风险变迁动态演进来健全金融监管体系，合理配置监管资源，打造现代化金融监管体系，使监管能力建设与金融创新发展相匹配。另一方面，金融强国建设关键在人。一支政治过硬、能力过硬、作风过硬的强大的金融人才队伍，是金融强国建设的主力军。要探索适合我国国情的金融人才培养、使用和交流机制，优化金融人才队伍结构，改善金融人才发展环境，提高金融人才配置和使用效率，推动我国金融人才队伍实现质的有效提升和量的合理增长。

第二节

拥有强大的货币、强大的中央银行

从宏观上说，强大的货币与中央银行，是金融强国最核心的标识。判断一个国家是不是金融强国，一般是看它的主权货币是不是重要的国际储备货币。或许有人会觉得，仅用强大的货币来衡量金融强国还不够，还需要加上其他指标。事实上，强大的货币离不开一系列关键支撑因素，因此，在某种程度上，强大的货币已经蕴含了其他指标。一国主权货币成为国际储备货币，意味着本国的国家信用将会成为全球信用，储备货币国可以通过发行本国货币或本币债务来动员全球资源为其所用。更进一步说，由于储备货币国控制了全球信用，其央行也在某种程度上成为全球央行。

一、强大的货币

货币既是体现所有者权利的私人物品，又是代表社会利益的公共物品。一国的法定货币是以政府信用为支撑，强制要求货币区内所有行为主体接受的支付手段，代表了对实体资源的支配权。拥有强大的货币，意味着一国政府有实力和意愿来维持较强的操作独立性，保留自己的经济政策空间，从而维护本国的经济利益。

曾经的荷兰盾、英镑和当下的美元，一方面述说着国际储备货币的演变，另一方面也呈现出金融强国（霸权）的兴衰更替。

荷兰盾是人类历史上第一个国际储备货币。阿姆斯特丹成为17世纪世界经济的商业和金融集聚地。以前来自西属美洲的金银通过贸易从西班牙和葡萄牙被运往阿姆斯特丹，并被阿姆斯特丹的商人存入银行。这些金银在为世界贸易体系提供支付手段方面起到关键性作用，各国的贸易赤字大多是通过阿姆斯特丹的金银储备支付的。阿姆斯特丹银行的金银储备在稳定荷兰货币币值和促使其成为世界货币方面发挥了重要作用。阿姆斯特丹银行掌握了整个欧洲的借贷，并通过自己的努力，为提供稳定的物价和保持金银两种货币之间固定的兑换比例作出了杰出贡献。18世纪60年代，各国纷纷向荷兰借款，其中包括神圣罗马帝国皇帝、萨克森选侯、巴伐利亚选侯、再三举债的丹麦国王、瑞典国王、俄国的叶卡捷琳娜二世、法兰西国王，甚至汉堡市（当时还是荷兰强劲的竞争对手），还有正在进行独立战争的美洲起义军（布罗代尔，2017b）。

英镑之所以能够成为全世界普遍接受的国际货币，是因为它保持着与黄金可兑换的稳定性，而金本位制正是实现这种兑换的重要保证。实行金本位制对英国经济乃至国际金融体系有着极其重大的意义。英国实行金本位制的历史并不算短，从1717年牛顿将黄金和英镑价格固定，到1816年正式从法律上确定这一制度，经历了一个世纪。这期间，英国经济的持续发展离不开工业革命和金融革命的促进，也离不开金本位制这一稳定货币制度的支撑。坚持金本位制并向全球推广，提升了英镑的国际货币地位，由此形成了以黄金为基础、以英镑为世界货币的国际金本位体系（1870—1914年），这也是历史上最早的国际货币体系。英国于1870年以后将金本位制推广到欧洲甚至包括美洲在内的更广范围，一战以后金本位制才逐渐衰落。国际金本位体系使英镑成为世界货币，在其鼎盛时期，40%以上的国际贸易用英镑结算。英镑作为世界货币的重要性对于英国作为强国的意义至为关键。正如卡尔·波兰尼所强调的，英国强权下的世界和平，有时经由坚船利炮的恐吓来获得其支配地位，然而，它经常是通过适时牵引世界货币网络的绳索来大行其道的（Polanyi, 1944）。

1944年7月，弥漫在欧洲和亚洲的战争硝烟尚未散去，44国代表便云集美国新罕布什尔州的布雷顿森林，讨论创建战后的国际货币体系。尽管英国的大经济学家凯恩斯提出了旨在弱化主权货币的“凯恩斯方案”，但布雷顿森林会议最终通过了代表美国利益的“怀特方案”。“怀特方案”中的国际货币体系保持了各国拥有主权货币的格局，并追求将美元作为全球货币的核心。这反映了美元当时已经成为全球主导货币的事实。布雷顿森林体系的关键内容在于美元与黄金挂钩，其他国家的货币与美元挂钩，实行固定汇率制度。至此，美元取代英镑坐上国际货币体系中的头把交椅，成为其他各国主权货币的“锚”。1971年后，“特里芬难题”导致布雷顿森林体系崩溃；之后，美元不再与黄金挂钩，成为真正的信用货币。美元与黄金脱钩、凭借自身信用成为国际货币体系的主导货币，和英国当年的英镑与黄金挂钩、靠主导国际金本位体系来行使英镑霸权有着根本不同。美元凭借美国强大的综合实力和美欧主导的国际货币金融体系，在世界经济中发挥计价手段、交易中介和国际储备货币等职能，无时无刻不在展现强大货币的威力。

二、强大的中央银行

强大的货币与强大的中央银行是相辅相成的。一方面，强大的货币是本国央行成为全球央行的前提；另一方面，本国央行的有效管理成为强大货币的保证。

历史上，英格兰央行曾保持英镑币值的长期稳定。按布罗代尔的说法，英镑在1560—1561年（早于英格兰央行创立100年），被伊丽莎白稳定下来，一直维持了300年的币值稳定。这不仅确立了英镑的货币霸权地位，还提升了英国国债的公信力，货币和国债在国际市场上信誉良好，为英国成为金融强国奠定了基础。央行的职能不只是维护币值稳定，事实上，随着英格兰银行开始充当最后贷款人角色，央行也成为金融稳定的重要维护者。这两项重要职能都是英镑成为世界货币的重要支撑。

美联储于1913年成立，被赋予四大职能：实施统一的货币政策、建立全国清算支付系统、承担最后贷款人角色和对银行业实行监管。自此，美联储成为美国央行和金融监管体系的核心机构。尽管美元成为世界货币更多是依靠布雷顿森林体系，但美联储因为美元的强大而成为全球央行则是顺理成章、水到渠成的事。而今，美联储的一举一动甚至任何措辞的微妙变化都可能引起全球市场的波动，而联邦基金利率也成为其他各国央行的参考基准。虽然各国都希望有独立的货币政策，但美联储政策的外溢效应仍然足够强大，进而影响到全球的经济金融周期。当然，美联储也不只是坐享其成，它在维护美元霸权方面也是不遗余力的，这包括通胀治理、美元汇率管理（包括干预汇率的谈判、汇率武器）、美元互换网络，以及借助全球金融治理机制来实施控制和影响等。

从理论角度来看，强大的货币与强大的中央银行，本质在信用，保障在制度。

货币的本质是信用。从货币的演进来看，从贝壳、金银到纸币、电子货币，从商品货币到信用货币，这些都体现出货币最终所代表的是一种信用关系。人们接受货币是基于一种信任，即相信他人也会接受这种货币。因此，《人类简史》的作者赫拉利认为，货币是一种“想象的共同体”，而这个共同体之所以能够存在，完全是基于信任。

一国拥有了强大的货币，就意味着该国拥有了强大的国家信用。因为这个时候，本国的信用就成为全球信用，无论是发货币还是发债，都会被全球接受。因此，储备货币国的信用就可以被用于动员全球资源（储蓄），从而体现出金融“无中生有”的功能。这里的“无中生有”并不是巫术或炼金术，而是借助信用的“无形”，“生出”调动全球资源为我所用的能力。一个更一般的例子是：在全球债务总量中，70%为发达国家所有，30%为发展中国家所有。这体现出发达国家的信用可以借更多的债，并且其发债成本比发展中国家低得多，由此形成的信用利差反映了不同经济体信用的差异。因为有着美国强大经济基础与综合国力的支撑，美元具有强大的信用，从而无论是美元货币还是美元债券，都被认为是全球安全资产，从而为全球投资者所追捧。

不过，信用并不是靠国家的宣称就能维持的，而需要制度保障。中国是世界上最早使用纸币的国家。大约在1000年前，交子就已在四川地区的市面上流通。纸币的实际价值需要政府信用和相关制度安排来维系。这里的制度安排包括政府能否确定稳定币值的目标和控制纸币的流通量等。但在王朝面临财政困难甚至财政危机的情况下，通过增发纸币来填补财政窟窿的诱惑便无法抵挡。事实上，即便有精英人士意识到需要控制货币超发，当时也没有相应的制度来进行约束，导致后来的货币滥发，国家信用丧失，经济发展不可持续。自二战以来到布雷顿森林体系崩溃，美元保持了相对稳定，这与美元—黄金本位制的制度安排是密切相关的。1973年，美元—黄金本位制崩溃和布雷顿森林体系瓦解，从此，美元经历了价值波动与国际地位的起伏。美元的第一次贬值从1971年开始，美元的国际储备货币地位也相应地转入下行周期。1976年，美元在全球外汇储备中的占比高达86.6%，到20世纪80年代末，其占比已不足60%。在此期间，德国马克和日元的地位不断攀升，20世纪80年代末90年代初，这两大货币在全球外汇储备中的占比分别达到19.1%和9.4%的峰值。1995年，美国财长鲁宾对外推行强势美元战略，到2001年，美元保持稳步升值态势，美元在全球外汇储备中的占比稳步扩大，到20世纪90年代末重回70%的历史高位。

无论西班牙、法国历史上的赖账，美国的“尼克松冲击”（宣布美元与黄金脱钩），还是中国历史上的纸币超发，都是因为缺乏制度保障（比如对于政府的硬约束）导致国家信用的丧失或不稳定。而英国之所以成功——运用国家信用赢得了战争、推动了工业革命，就是因为光荣革命后对王权的限制。缺乏财政纪律约束的政府往往会滥用国家信用，从而使其逐步丧失可信度与可持续性。因此，尽管鼓吹财政赤字货币化的现代货币理论（MMT）颇为流行，但鲜有政府公开宣称自己会这么做；不少国家设置了赤字率门槛，美国国会还给政府发债设置了债务上限。这些均表明，国家信用的维护需要制度保障，包括对王权或政府权力的限制，以及央行在维护币值稳定方面的决心和能力。这是历史的经验和教训换来的。

第三节

培育强大的金融机构、强大的国际金融中心

从微观上看，强大的金融机构与强大的国际金融中心是金融强国建设的关键抓手。金融强国往往拥有多家系统重要性商业银行、投资银行和保险公司，以及若干个具有强大竞争力的国际金融中心，凭借其全球性货币市场、资本市场和商品市场吸引国际投资者，掌握国际金融市场定价权和世界经济资源配置权。强大的金融机构与强大的国际金融中心可以说是金融强国的关键抓手。

一、强大的金融机构

17世纪的荷兰之所以成为海上霸主，得益于阿姆斯特丹银行、股票市场的快速发展以及国际金融中心的形成。中世纪晚期的欧洲兴起了一批有代表性的交易所，而于1609年建立的阿姆斯特丹交易所赫然在列。同年，荷兰人创立了世界上第一家中央银行——阿姆斯特丹银行。事实证明，该银行为商业社会的流动资本提供了可靠的存放处，并为信用票据提供了一个有效的票据交换所，从而为荷兰地区的贸易发展创造了必要的金融基础。在荷兰东印度公司建立不久，一个蓬勃发展的关于东印度公司股票的二级市场在阿姆斯特丹出现，从而对荷兰的公共金融和私人金融的发展起到了促进作用（付竞卉，2011）。

英国以私有制中央银行、跨国商业银行、国债发行和证券交易为主要标志的金融革命，助力其成为日不落帝国。伦敦成为当时最有影响力的国际金融中心，不仅是国际贸易融资的中心，也是长期资金跨境流动的中心。直到今天，伦敦外汇交易市场仍然是全球最大的外汇交易中心，其外汇交易量在全球外汇交易总量中的占比高达41%，以交易效率高、货币种类多、交易设施先进而闻名，对世界外汇市场走

势有着重要影响。

美国拥有世界上最大的股票交易所、期货交易所。无论是市值还是交易量等指标，纽约证券交易所、纳斯达克交易所均占有很大的份额。美国交易所不仅引领全球证券交易创新，还成为促进全球科技创新和新兴产业发展的重要舞台。芝加哥期货交易所、商品交易所也是全球大宗商品期货交易的重要中心，对全球大宗商品价格起到风向标的作用。华尔街成为美国金融帝国崛起的标志，纽约成为世界领先的金融中心。这些强大的金融机构、金融市场和国际金融中心，是美国成为金融强国的重要抓手。

二、强大的国际金融中心

纵观全球经济史，世界性经济强国大多拥有强大的国际金融中心，而国际金融中心也在资源聚集、资源配置、风险管理等诸多方面助力本国经济的强大。所谓国际金融中心，是指聚集了大量金融机构和相关服务产业，全面集中地开展国际资本借贷、债券发行、外汇交易、保险等金融服务业的城市或地区。从功能上说，国际金融中心就是能够提供便捷的国际融资服务、有效的国际支付清算系统、活跃的国际金融交易场所的全球性中心城市。国际金融中心至少应当具备金融市场齐全、服务业高度密集、对周边地区甚至全球具有辐射影响力等基本特征。

近现代以来，国际金融中心的变迁经历了从以佛罗伦萨等独立城市为中心的“北意大利金融”，到以阿姆斯特丹为中心的“荷兰金融”，再到以伦敦为中心的“英国金融”和以纽约华尔街为中心的“美国金融”，最后到国际金融中心逐渐向亚太地区转移并呈现多极化的发展态势等阶段。近现代以来国际金融中心的变迁，体现了金融权力的转移和大国的兴衰。特别是伦敦的伦巴第街、纽约的华尔街，它们就是英美成为金融强国的典型标志和关键抓手。

伦巴第街是英格兰金融中心所在地，也是伦敦货币市场的象征。从14世纪起，来自意大利北部伦巴第地区的银行家和商人就在伦敦泰晤士河北岸的伦巴第街设立字号，经营放款业务，为英格兰银行业的发展奠定了基础。在伦巴第街及其周围的金钱世界里，你可以看到英格兰银行、私人银行、股份制银行和票据经纪商。著名经济学家白芝浩在其著作《伦巴第街》（*Lombard Street*）中指出，当时的伦巴第街被认为是世界性的货币市场，任何国家都可以以一定的价格从那里借钱。伦巴第街后来成为伦敦金融市场的代称。今天的伦敦金融城仍然享受着伦巴第街昔日的荣光。

相较于侧重于货币市场的伦巴第街，华尔街侧重于资本市场。从货币市场到资本市场的转移，反映出现代金融发展的新方向。自19世纪上半叶开始，华尔街支持运河和铁路的兴建，将美国早期相互分割的区域经济体连接在一起，第一次形成了真正意义上的全国性经济体。到19世纪末期，美国的钢铁、化工、橡胶、石油、汽车等产业依托华尔街的融资和并购迅速崛起，一举完成重工业化并赶超欧洲列强，产生了通用电气、美国钢铁、杜邦等世界级企业。华尔街也一跃成为全球第一大资本市场，纽约成为国际金融中心，通过资本市场和金融力量，大大推动了美国社会资源的整合与优化配置，助力美国成为真正意义上的现代经济体和经济强国。在美国经济走向世界舞台中央每一步的背后，都能看到华尔街的影子。今天的华尔街俨然成为美国强大金融的代名词。金融强国正是借助诸多系统重要性商业银行、投资银行和保险公司，以及若干个具有强大竞争力的国际金融中心，构筑起全球性的货币市场、资本市场和商品市场，掌控着全球资产配置、资产定价与资源动员，以金融杠杆撬动世界。

第四节

锻造强大的金融监管、强大的金融人才队伍

在金融强国的六大关键核心金融要素中，强大的金融监管是防范金融风险和防止金融脱实向虚的决定性因素，而强大的金融人才队伍则是推动金融创新发展的重要支撑，二者共同构成金融强国的坚强保障。

一、强大的金融监管

强大的金融监管是金融强国的重要保障，应具备以下基本特点：一是高度的适应性。能够顺应本国金融发展、金融结构和金融安全的动态变迁，与时俱进地提升金融监管框架的有效性，使得金融监管能力与金融创新格局相适应。二是鲜明的前瞻性。始终对风险保持警惕性、敏锐性，对于人们熟视无睹的“灰犀牛”和极少出现的“黑天鹅”有充分的预判和系统的预案，防患于未然。三是强大的执行力。金融监管体系必须拥有多样化的、强有力的工具箱，在风高浪急的环境中独立作出判断，并娴熟地运用各类监管工具防范化解风险。

金融监管制度是在一次次整治金融危机的过程中逐步确立起来的，每一次危机都迫使监管当局对监管重点和监管方式进行调整变革，以适应金融环境变化的新要求。

金融是一柄双刃剑。强大的金融将给一国带来巨大的收益，但治理跟不上，也会伤及自身。因此，没有强大的金融监管，就难以实现真正的强大的金融。美国19世纪的金融，包括当时的华尔街，总体上处于野蛮生长阶段。虽然这个阶段的金融发展促进了美国社会资源的整合与有效配置，但也充斥着欺诈、谎言与投机，进而导致美国大大小小的金融危机不断，直至1913年美联储创建，美联储被赋予最后贷

款人角色和金融监管职能，美国金融才进入相对有序发展的阶段。但20世纪30年代初的大萧条和2007年的次贷危机，进一步暴露出金融逐利的本性以及金融发展与金融监管之间的循环：不断地创新、突破（绕开）监管、制造风险（或危机），进而带来新一轮的监管。

具体地看，18世纪20年代初的南海泡沫事件，催生了英国的《泡沫法案》。1913年以前，在自由放任思想的主导下，美国银行业不断出现的危机和资本市场的"野蛮生长"，使得金融体系风险丛生，由此催生了美国的《联邦储备法案》。该法案宣告了美国联邦储备体系的成立，并赋予美联储四大职能：实施统一的货币政策、建立全国清算支付系统、承担最后贷款人角色和对银行业实行监管。自此，美联储成为美国金融监管体系的核心机构。20世纪30年代初的大萧条导致美国于1933年制定并通过了《格拉斯-斯蒂格尔法案》。该法案明确限制银行业与证券业的跨业经营，禁止商业银行的关联企业从事证券发行、上市和承销等业务，这标志着美国金融业正式进入分业经营、分业监管时代。20世纪七八十年代，在金融自由化浪潮的冲击下，美国政府开始放松金融管制，鼓励金融创新，不同领域金融机构的业务渗透趋势进一步明确，美国的银行开始以银行控股公司的形式参与非银行业务。1999 年，克林顿总统签署了《金融服务现代化法案》，标志着《格拉斯-斯蒂格尔法案》的结束和美国正式走上金融综合经营的道路。而随着2007年美国次贷危机的爆发和由此引发的全球金融危机，《多德-弗兰克法案》诞生了。该法案提出实施沃尔克规则，加强宏观审慎和微观审慎监管，调整监管体系，强调消费者权益保护等。

回顾历史，金融监管一方面有助于金融更好地服务实体经济，避免脱实向虚；另一方面则有助于防范金融风险，减少金融的破坏性，维护金融安全。这两个方面都是建设金融强国必不可少的。在金融强国建设过程中，必须构建系统性风险防范长效机制，完善相关的法律制度、机构安排、技术工具，以现代金融监管推动现代金融体系建设，实现防风险和稳发展的动态平衡，促进实体经济与金融协调发展。

二、强大的金融人才队伍

金融强国归根到底要靠人来建设，在金融强国的六大关键核心金融要素中，强大的金融人才队伍可以说是其他五大关键核心金融要素发挥作用的根本保障。

金融领域专业性强、复杂程度高、知识密集度高，打造一支堪当建设金融强国重任的人才队伍至关重要。事在人为，金融要更好地服务实体经济、防范风险，还需要依靠高质量的金融人才。一方面，高质量金融人才能够更好地发挥金融的资源配置功能，推动金融创新和发展；另一方面，高质量金融人才有利于在复杂的环境中识别和防范化解金融风险。美国凭借发达的高等教育、开放的移民政策和鼓励创新的社会环境，吸纳了大量高素质金融人才，强大的金融人才队伍支撑了美国的金融强国建设。以纽约、伦敦为例，得益于高度开放，其金融从业人员占全市就业人员总数的比重分别长期维持在10%和25%。

金融还兼具学科交叉融合的特点（如火箭科学家成为华尔街的金融工程师，以及当前人工智能、金融科技的快速发展等），这使得金融人才队伍对于金融强国建设具有决定性意义。英美等国家以丰富而又前沿的金融实践、占支配地位的“主流”金融学教育体系、极具吸引力的金融业报酬，以及引领全球的先进科技实力，培养出一大批世界一流的金融人才，同时吸纳全球金融人才为其所用，为金融强国建设奠定了重要的人才基础。

Chapter 5

第五章

金融强国的中国特色

荷兰、英国和美国等金融强国的崛起历程全面体现了前述“1+6”的主要特征。金融强国崛起过程中的这些共性特征，反映出现代金融发展的一般规律。就我国的实际情况而言，加快建设金融强国，除了要遵循这些共性特征、借鉴其中的有益经验之外，更需要结合本国国情，坚定不移走中国特色金融强国之路。党和人民历经千辛万苦开拓出来的这条中国特色金融发展之路，既遵循现代金融发展的客观规律，更具有适合我国国情的鲜明特色，与西方金融模式有本质的区别。

我们要建设的金融强国，是中国共产党领导的社会主义金融强国。这决定了我们必须走中国特色金融发展之路。中国特色金融发展之路，是建设金融强国的必由之路；加快建设金融强国，是使中国特色金融发展之路越走越宽广的必然要求。从这个角度看，这条金融发展道路当中蕴含着鲜明的中国特色，为实现第二个百年奋斗目标新征程中的金融强国建设打上了深深的中国烙印，铸就了鲜明的时代特征。

第一节

支撑中国式现代化：开拓中国特色金融发展之路的初心使命

近代以来，历经磨难的中华民族苦苦探索现代化之路，但在中国共产党诞生之前都未能成功。中国共产党从成立之日起，就肩负起探索中国现代化道路的重任。金融是国民经济的血脉，是国家核心竞争力的重要组成部分，现代化建设事业需要金融的有力支撑。国际经济史学家的研究反复证明，欧洲的金融系统是工业革命的主要助力，中西方在金融发展上的差距对于近代以来中西方技术进步和经济发展绩效的差异有着深刻的影响（戈兹曼，2017）。这表明，现代化进程离不开现代金融体系，稳定高效的货币金融体系能够推动信用扩张和资本积累，为技术变革和经济增长提供连绵不绝的动力。与其他国家的现代化进程类似，中国式现代化的实现同样离不开金融的助力，中国特色金融发展之路的历史逻辑内嵌于中国式现代化的大逻辑之中。

推进中国式现代化是一项前无古人的开创性事业，中国特色金融发展之路是一条前无古人的开创之路。中国共产党人在革命和建设的各个历史时期始终致力探索符合国情的现代化道路，探索内嵌于现代化道路之中的金融发展道路，从而突破了此前以西方为师、从分流到合流的演进逻辑。回望来路，中国非但没有亦步亦趋地走西方国家几百年来走过的老路，而且在中国共产党的领导下创造性地利用国家信用，提高金融服务实体经济能力，有力推动经济社会发展，走出了一条富有本国特色的金融发展道路。有效市场与有为政府协同配合的中国金融体系在快速动员资源、促进储蓄向投资转化、支持经济赶超方面发挥了关键性作用，并有效应对各类风险，避免了危机的发生。百余年来的实践探索表明，立足国情，独立自主，走中国特色金融发展之路，是推进和拓展中国式现代化的必然选择。

从晚清到民国，我国走的是以西方为师的道路，努力把西方发达国家行之有效的理论、制度和实践经验“搬运”到中国来。但这种“西天取经”思路主导之下的各种移植并不成功。在中国共产党早期探索的基础上，自新中国成立以后，特别是改革开放以来，党和人民立足国情独立自主进行理论和实践双重探索，由此形成的金融发展道路助力创造了“两大奇迹”——经济快速发展和社会长期稳定，取得令世人惊叹的巨大成就。我们可以分四个阶段简要回顾中国共产党开拓中国特色金融发展之路的艰辛历程。

新民主主义革命时期，党的金融工作主要服务于革命斗争、根据地经济和工农大众，坚持“发展经济，保障供给”总方针，通过独立自主发行货币、坚决开展对敌货币斗争、创新货币供应机制、优化信贷资源配置等手段，为根据地军民的生产活动注入了宝贵的资金血液，在旧中国十分薄弱的自然经济基础上创造出支撑革命胜利的经济力量。解放战争后期，中国人民银行正式成立，开始发行人民币，在华北、山东、西北各解放区流通，为民族独立和国家统一提供了有力的货币制度支撑。

新中国成立伊始，中央人民政府组织了“银元之战”“米棉之战”，有力打击投机资本，有效平抑物价，迅速统一财经，稳定了新中国的经济金融秩序。与此同时，我国成功进行货币改革，人民币成为法定货币，实现了货币主权的完整和货币制度的统一。社会主义革命和建设时期，为了尽快建立起一个独立的、比较完整的国民经济体系，我国建立了一个与重工业优先发展战略相契合的“大一统”金融体系，形成金融信贷资源的计划配置方式，从而有力地动员分散在国民手中的资金等生产要素，来支持重工业优先发展。

改革开放时期，我国在坚持独立自主方针的基础上打开国门，借鉴各国金融发展的经验成果，注重更多地发挥市场机制在金融资源配置中的作用，同时更好地发挥政府在宏观调控和金融监管中的作用，逐步建立起党领导下的中央银行体系和以银行、证券、保险为主体的金融体系。这一体系在一个以“一穷二白、人口众多”为基本国情的发展中大国里，有效地突破了长期困扰发展中国家经济起飞的致命瓶颈——发展资金短缺问题，创造出有效的动员和分配储蓄资源的体制机制，为经济高速增长奇迹的实现提供了充裕的资金保障（李扬 等，2018）。

党的十八大以来，中国特色社会主义进入新时代，我国社会主要矛盾已经转化为人民日益增长的美好生活需要和不平衡不充分的发展之间的矛盾。发展的不平衡不充分，归根到底是发展质量不高。这一问题在金融领域广泛存在。因此，推进金融供给侧结构性改革，提高金融服务实体经济质效，推动金融高发展质量，便成为新时代中国金融发展的主攻方向。这一阶段，中国金融发展的核心特征是“从高速增长转向高质量发展”。以高质量发展为主题，我们在已有的基础上继续前进，围绕解决金融支撑现代化建设中存在的突出矛盾和问题，坚持不懈探索，全面深化改革。在党中央集中统一领导下，金融系统有力支撑经济社会发展大局，坚决打好防范化解重大风险攻坚战，为如期全面建成小康社会、实现第一个百年奋斗目标作出重要贡献。与此同时，我们不断加深对中国特色社会主义金融本质的认识，不断推进金融实践创新、理论创新、制度创新，积累了宝贵经验，逐步走出一条中国特色金融发展之路。这条道路是党和人民历经千辛万苦奋力开拓出来的，是一条尊重金融发展规律、符合当代中国实际、具有鲜明中国特色的道路，被实践证明是行之有效、成就卓著的，必须坚定不移走下去。

总之，从新民主主义革命时期红色金融保障革命斗争，推动根据地经济发展，为实现现代化创造根本社会条件，到社会主义革命和建设时期“大一统”金融体系推动建立独立的国民经济体系，为现代化建设提供物质基础；从改革开放时期金融业高速成长助力经济快速发展，为中国式现代化提供体制保证和物质条件，到新时代统筹推进经济和金融高质量发展，支撑强国建设、民族复兴伟业，为中国式现代化提供更为完善的制度保证和更为坚实的物质基础。我国各个历史时期的金融工作的目标和侧重点有所不同，但都围绕推进现代化这条主线展开，服从于中国式现代化这个大局，服务于我国现代化进程中不同阶段的重点任务和关键环节。中国人民创造了举世瞩目的“两大奇迹”——经济快速发展和社会长期稳定，在这一伟大进程中，也逐步形成一条富有本国特色的金融发展道路。因此，探索中国特色金融发展之路是推进中国式现代化伟大征程中不可或缺的重要组成部分。

加快建设金融强国，是推动经济高质量发展、有力维护国家安全和提高国家竞争力的根本举措，是以中国式现代化推进强国建设、民族复兴伟业的必然选择。金融强国建设进程的不断推进，将使中国特色金融发展之路越走越宽广。

第二节

“两个结合”：开拓中国特色金融发展之路的根本途径

中央金融工作会议指出，党中央把马克思主义金融理论同当代中国具体实际相结合、同中华优秀传统文化相结合，努力把握新时代金融发展规律，持续推进我国金融事业实践创新、理论创新、制度创新，奋力开拓中国特色金融发展之路[1]。这一重大判断表明，中国特色金融发展之路是马克思主义中国化时代化的产物；“两个结合”是开辟和发展中国特色社会主义的必由之路，筑牢了中国特色金融发展的道路根基。锚定中国式现代化这一目标，中国共产党人坚持以马克思主义金融理论为指导，同时不断经由“两个结合”这一根本途径赋予其鲜明的中国特色和时代内涵，从而形成中国特色金融发展之路。加快建设金融强国，依然要用好“两个结合”这个最大法宝，从而筑牢我国金融体系的根和魂。

一、马克思主义是魂脉

马克思主义的基本原理和方法是中国特色金融发展之路的魂脉，是这条道路的理论支柱。马克思主义经典作家在科学总结、批判继承前人成果的基础上，对资本主义经济制度进行了深入分析，深刻揭示了资本主义经济发展与运行的规律和人类经济社会发展的一般规律，其中包含大量对经济金融关系、货币、信用、资本及金融等方面的规律性认识。

从马克思在《资本论》（第三卷）中对资产阶级信用关系特征和虚拟资本行为规律的系统研究，到恩格斯对金融资本崛起现象的关注，再到列宁在《帝国主义

[1] 中央金融工作会议在北京举行 习近平李强作重要讲话 赵乐际王沪宁蔡奇丁薛祥李希出席[N].人民日报，2023-11-01（1）.

是资本主义的最高阶段》中对银行、金融资本和金融寡头行为的深刻剖析，马克思主义经典作家基于劳动价值论、剩余价值论等重要学说构建了包含货币、信用、银行、资本等范畴的金融理论，深刻揭示了资本主义市场经济条件下金融的本质、运行规律和发展特点。同时，马克思主义金融理论还将金融视为无产阶级的重要武器，强调只有掌握大的银行和它所发行的货币，才能保证革命斗争的胜利。马克思和恩格斯在《共产党宣言》中就已指出，必须“通过拥有国家资本和独享垄断权的国家银行，把信贷集中在国家手里”[1]。列宁进一步强调，“没有大银行，社会主义是不能实现的”[2]。

马克思主义金融理论对开拓中国特色金融发展之路的理论指导体现在两个层面。第一个是方法论和基本立场层面。马克思主义不是一成不变的教条，坚持马克思主义，最重要的是坚持马克思主义基本原理和贯穿其中的立场观点方法。这是马克思主义的精髓和活的灵魂。在马克思主义恢宏的理论体系中，辩证唯物主义和历史唯物主义是贯穿其中的世界观、方法论，是马克思主义全部理论的基石。要创造性地将辩证唯物主义和历史唯物主义运用于金融工作中。一是要善于运用辩证唯物主义观察事物、分析问题、解决问题，在矛盾双方对立统一过程中把握事物发展规律，克服极端化、片面化。要学习和掌握物质生产是社会生活基础的观点。二是要学习和掌握人民群众是历史的创造者的观点，以史为鉴、知古鉴今，善于运用历史的眼光认识发展规律、把握前进方向、指导现实工作。第二个是理论框架和理论逻辑层面。马克思主义经典作家主要以资本主义生产为研究对象，其揭示的资本主义生产原理和金融寡头行为规律未必适用于社会主义制度下的中国。但同时也要注意到，马克思主义经典作家关于市场经济特征和货币流通运行规律的分析，对于分析社会主义市场经济条件下的中国经济金融现象，具有重要的指导意义。例如，马

[1] 中共中央马克思恩格斯列宁斯大林著作编译局.马克思恩格斯选集：第1卷[M].北京：人民出版社，2012：421.

[2] 中共中央马克思恩格斯列宁斯大林著作编译局.列宁选集：第3卷[M].3版.北京：人民出版社，1995：238.

克思正确地指出，现实经济生活中存在金属货币、信用货币和纸币三类货币。一般而言，金属货币更多地发挥价值贮藏作用，信用货币发挥支付手段职能，纸币则仅仅是流通手段。在经济周期的不同阶段，这三种货币是相互转换的。而在经济危机时期，所有的货币都要求回到其耀眼的存在上，即回到黄金上。上述规律如今依然适用。

需要指出的是，马克思主义政治经济学是一个开放的体系。马克思在构建理论体系的过程中注重借鉴人类文明的一切优秀成果，并对其进行批判性吸收和创造性转化，为后人的研究探索提供了范例。中国共产党人奋力开拓中国特色金融发展之路的探索历程，也始终坚持马克思主义的世界观和方法论，高度关注世界范围内金融理论、思潮、实践和制度的发展变化，注重借鉴世界各国金融理论与实践发展过程中的正反两方面经验。一方面，积极借鉴西方国家在以金融革命推动工业革命过程中的有效做法和西方货币金融理论的有益成分；另一方面，不断总结西方国家金融资本无序扩张带来的金融危机频发和贫富差距扩大等方面的深刻教训，避免再走它们走过的弯路。这充分展现出中国人面对外来学说和经验的开放包容心态和科学严谨态度。

二、中华优秀传统文化是根脉

把马克思主义基本原理同中国具体实际相结合，蕴含着实事求是、一切从实际出发的工作方法和思想方法，是我们党在各个历史时期始终坚持的方法论。在此基础上，习近平总书记提出了“第二个结合”，即把马克思主义基本原理同中华优秀传统文化相结合[1]。“第二个结合”的重大意义在于，中华文明是世界上唯一绵延不断且以国家形态发展至今的伟大文明，只有立足波澜壮阔的中华五千多年文明史，才能真正理解中国道路的历史必然、文化内涵与独特优势。

中华民族有着深厚的文化传统，形成了富有特色的思想体系和文化内容，这些

[1]　习近平. 在文化传承发展座谈会上的讲话[J]. 求是，2023（17）：4-11.

文化内容体现了中国人几千年来积累的知识智慧和理性思辨，时至今日仍影响着当代中国人的行为方式。在源远流长、博大精深的中华优秀传统文化中，包含着生动的货币金融实践和深刻的货币金融思想。这是中国特色金融发展之路的根脉所在，为这条道路提供了绵延不绝的丰厚滋养。

从货币金融实践层面看，马克斯·韦伯在其名著《世界宗教的经济伦理：儒教与道教》中指出，中国的货币体系有着鲜明的特点，“中国的货币制度在貌似现代的成分中保存着十分古朴的特征”。彭信威（2020）在《中国货币史》中进一步阐明，世界上真正独立发展出来而又长期保持其独立性的货币文化是极其少见的，但中国货币的发展脉络很清晰，基本没有受外国文化的影响，在货币职能、铸造方式、铸造技术、重量等方面都有自己的特点。当代美国货币史学家万志英（2018）的研究也进一步证实了古代中国货币体系存在与地中海和西亚等区域截然不同的特性。大量金融史文献的考证还表明，中国的金融创新有着漫长的历史，中国人不仅独立发明了金融硬币、纸币、汇票和可转让凭证，而且成熟的会计制度、信息管理系统、金融组织模式和证券化贷款也已经在古代中国出现（戈兹曼，2017）。

从货币金融思想层面看，早在唐宋之前，中国古代思想家就对货币金融现象提出了许多富有创见的思考，有些见解还是世界货币史上的重要贡献。此处试举几例：《管子》中提出的“轻重论”，明确提出世界上最古老最朴素的货币数量论。此外，这部经典著作中的许多精彩论断，如“五谷食米，民之司命也；黄金刀布，民之通施也。故善者执其通施以御其司命”等，集中反映了中国古代的金融宏观调控思想，展现了决策者运用货币工具管理经济活动的意志。西汉贾谊的《谏除盗铸钱令》或许是世界货币理论史上有关国家统一货币发行权的最早讨论。而与贾谊同时期的晁错在《论贵粟疏》中提出的“夫珠玉金银，饥不可食，寒不可衣”“明君贵五谷而贱金玉”等观点，则是金融思想史中关于正确处理货币金融与实体经济关系的早期深刻论断。诸如此类的中国古代思想家关于货币金融理论的洞见不胜枚举，在近现代引起马克思、凯恩斯、熊彼特等诸多西方世界思想巨擘的关注。无怪乎凯恩斯在 1912 年为陈焕章《孔门理财学》所作的书评中感叹道：“中国学者很早就懂得格雷欣法则（劣币驱逐良币）和货币数量理论。”（Keynes，1912）

三、魂脉和根脉的有机结合是关键

习近平总书记深刻指出：我们的社会主义为什么不一样？为什么能够生机勃勃、充满活力？关键就在于中国特色。中国特色的关键就在于“两个结合”[1]。这表明，中国特色金融发展之路当中蕴含的中国特色，并不是马克思主义基本理论的移植，也不是中国传统货币金融思想观点与实践经验的再现，而是马克思主义魂脉和中华优秀传统文化根脉结合的产物。这种结合不是拉郎配式的拼凑，不是简单的“物理反应”，而是深刻的“化学反应”。

理解近代以来中国金融理论与实践的发展演进史，“西学东渐”是一个重要的切入点。工业革命以来，西方现代文明的快速崛起和近代中国的故步自封与相对衰落，导致自19世纪开始的西学东渐过程。从晚清和民国初打开国门引进、消化国外货币金融学说，到新中国成立之初效仿苏联应用马克思主义货币金融理论，再到改革开放时期借鉴欧美之学的有益成分探索金融改革发展路径，一个多世纪以来中国金融学先后经历了三次西学东渐（张杰，2020），最终在新时代迎来以“两个结合”开拓中国特色金融发展之路、构建中国自主的金融学知识体系的崭新阶段。

既然是“西”学“东”渐，那么就不可避免地要涉及中西两种文化、两种思维方式、两套概念系统的交锋、渗透和结合。对于以马克思主义金融理论为代表的国外思潮与学说，中国共产党和中国人民采取的基本态度既不是全面排斥、拒绝接受，也不是全盘照搬、囫囵吞枣，而是以中华优秀传统文化中的智慧对其进行鉴别、审视、分析。在此基础上，将国外理论中蕴含的科学原理与我国国情相结合，在金融实践中提出一系列在西方理论中找不到现成答案的问题。回答这些问题的过程，就是推动“两个结合”的过程，即以马克思主义方法论为指导，将国外金融理

[1]　习近平.在文化传承发展座谈会上的讲话[J].求是，2023（17）：4-11.

论中蕴含的科学原理与方法同当代中国具体实际、中华优秀传统文化相结合，独立自主探索本国金融发展规律和发展道路的过程。

经由这一过程形成的中国特色金融发展之路，具有适合我国国情的鲜明特色，与西方金融模式有着本质区别。究其原因，一方面，不论是马克思主义金融理论，还是形形色色的西方金融理论，都是对欧美等西方国家特定时期金融实践的总结和刻画，将其直接套用到中国身上，势必导致“水土不服”。我国有着厚重绵长的货币金融文化传统，要使从西方文化传统中孕育出来的货币金融理论为我所用，就必须将两者熔于一炉，也就必然会形成一条与西方金融理论与实践有显著差异的金融发展道路，“变味”不可避免。另一方面，我们吸收借鉴的国外货币金融理论，固然包括新古典主义、凯恩斯主义等各类经济学说的有益成分，但其主体是马克思主义金融理论，这一点与西方资本主义国家迥然不同。

改革开放以来，一些国人常说，“中国人学外国，学什么都变味儿”，其潜台词似乎是觉得我们没有当好学生，没把国外的好理论好经验学到家[1]；但一切从实际出发，用科学方法探寻中西方相通之处，在实践中熔铸中西方各自所长，避免生搬硬套，恰恰是中国特色金融发展之路的独特优势。

具体分析“两个结合”的过程，马克思主义金融理论之所以能同当代中国具体实际相结合、同中华优秀传统文化相结合，自有其深厚的文化根源。

首先，中国特色金融发展之路是中国特色社会主义道路的有机组成部分，而社会主义是从马克思主义那里来的。同时，中国文化中许多朴素的社会主义元素，如民为邦本、富民厚生、义利兼顾等，为我们接受马克思主义理论的科学指导提供了现实土壤。

正因为这些元素与马克思主义有相互契合之处，正因为有马克思主义立场观点方法的引领，才使得中华文明的上述宝贵基因在新的时代条件下被激活、继承和发扬，实现了从民为邦本到人民至上、从富民厚生到共同富裕、从义利兼顾到以义取

[1] 相关讨论参见：黄达.金融学研究基础，必须强调再强调[J].国际金融研究，2018（2）：3-7.

利等一系列创造性转化和创新性发展，逐步构筑起中国特色金融发展之路的道路根基和独特优势。

其次，当代中国发展的巨大潜力和中华文明的深厚底蕴为推动马克思主义金融理论的中国化时代化提供了广阔天地。我们党在探索道路的过程中始终注重把握我国社会主要矛盾的变化，紧紧围绕建设社会主义现代化国家这一中心任务，运用马克思主义的立场、观点、方法，科学研判金融改革发展稳定面临的机遇与挑战，创造性地开展金融工作，在实践创新的基础上推动马克思主义金融理论不断实现中国化时代化的新飞跃，显示出日益鲜明的中国风格与中国气派。

总之，马克思主义基本原理为中国特色金融发展之路提供了科学的方法论指导和坚实的理论基础，体现了党中央对金融工作的集中统一领导，彰显了以人民为中心的发展思想，是这条道路的魂脉。当代中国具体实际提出了中国金融发展需要解决的一系列重大现实问题，为中国特色金融发展之路指明了前进方向。例如，如何为现代化建设提供可持续的金融资源支撑，从而推动经济快速发展？如何有效防范化解系统性金融风险，从而维护经济金融稳定？如何深化金融改革，进而有力推动社会主义市场经济体制建设？中华优秀传统文化中包含着极为丰富的货币金融理论与实践，深刻影响着当代中国金融活动背后蕴藏的道德伦理、哲学观和方法论，是中国特色金融发展之路的根脉所在。“两个结合”，特别是“第二个结合”，让马克思主义成为中国的，让中华优秀传统文化成为现代的，让经由“结合”而形成的中国特色金融发展之路成为中国式现代化的重要支撑力量。

第三节

“八个坚持”：塑造金融强国的中国特色

习近平总书记以“八个坚持”对中国特色金融发展之路的基本要义作出精辟概括。“八个坚持”即：坚持党中央对金融工作的集中统一领导，坚持以人民为中心的价值取向，坚持把金融服务实体经济作为根本宗旨，坚持把防控风险作为金融工作的永恒主题，坚持在市场化法治化轨道上推进金融创新发展，坚持深化金融供给侧结构性改革，坚持统筹金融开放和安全，坚持稳中求进工作总基调。“八个坚持”是中国共产党人奋力开拓中国特色金融发展之路的规律性认识和学理化总结。仔细体会“八个坚持”，每一个都是“两个结合”的结晶，是马克思主义与中国具体实际、与中华优秀传统文化相互激荡的产物。“八个坚持”明确了新时代新征程金融工作怎么看、怎么干，是体现中国特色金融发展之路基本立场、观点、方法的有机整体[1]。

我们可以从三个层面来系统把握“八个坚持”的丰富内涵。第一，坚持党中央对金融工作的集中统一领导和坚持以人民为中心的价值取向，体现了社会主义市场经济条件下金融工作鲜明的政治性、人民性，区别于一些西方国家以资本为中心的金融发展取向，是中国特色金融发展之路的根本遵循；第二，坚持把金融服务实体经济作为根本宗旨和坚持把防控风险作为金融工作的永恒主题，鲜明提出中国金融发展的两个核心任务，即服务实体经济和防控金融风险，与一些西方国家脱实向虚的金融发展路径有显著差异；第三，坚持在市场化法治化轨道上推进金融创新发展，坚持深化金融供给侧结构性改革，坚持统筹金融开放和安全，以及坚持稳中求进工作总基调，体现了正确处理改革发展稳定关系这一重大原则，彰显了转型与发

[1] 坚定不移走中国特色金融发展之路 推动我国金融高质量发展[N]. 人民日报，2024-01-17（1）.

展交织、长期与短期结合的鲜明特色。

一、中国特色金融发展之路的根本遵循

党的领导是中国特色社会主义制度的最大优势，坚持党中央对金融工作的集中统一领导是中国特色金融发展之路的根本遵循。党政军民学，东西南北中，党是领导一切的。加强金融工作的集中统一领导是党的使命所在，也是走好中国特色金融发展之路的根本政治保证。历史雄辩地证明，中国人民和中华民族之所以能够扭转近代以后的历史命运，成功地以中国式现代化推进强国建设、民族复兴伟业，最根本的是有中国共产党的坚强领导。

进入新时代，推进中国式现代化是最大的政治。作为中国式现代化的重要支撑力量，金融是当之无愧的国之大者、国之重器，具有鲜明的政治性。坚持金融工作的政治性，意味着必须始终坚持党中央对金融工作的集中统一领导，不断把政治优势、制度优势转化为金融治理效能，推动我国金融高质量发展，使金融更好地服务于中国式现代化，确保我国的金融强国建设事业始终沿着正确的方向前进。

坚持以人民为中心的价值取向，体现了中国特色金融发展之路的基本立场，是马克思主义人本观同“民惟邦本，本固邦宁”“治国有常，而利民为本”等中华传统民本思想相结合的产物。中国共产党的宗旨是全心全意为人民服务，永远把人民对美好生活的向往作为奋斗目标。

从完成新民主主义革命实现人民当家作主，到改革开放时期解决人民温饱问题，从新时代全面建成小康社会到第二个百年征程迈向共同富裕，金融发展始终是增强人民群众获得感幸福感的关键要素和有力支撑。这里可以讲一个为中央银行命名的小故事：众所周知，中国人民银行是我国的中央银行，于1948年12月诞生在解放战争的硝烟之中。在酝酿中央银行名称时，中共领导人认为，拟议中的中央银行是全国性的，是长远存在的，以取“人民”二字为好，可表明银行的性质是人民大众的，不同于官僚资本家或金融寡头的银行，人民银行要永远为人民服务。此外，

“中国人民银行”这个名称，也不失为将来作为新中国国家中央银行名称的格局。与中央银行名称相对应，我国于1948年发行的第一套人民币的票面图案充分反映了解放区生产建设和人民生活的情景[1]。这个故事生动地体现了中国共产党人的价值观，表明中国共产党领导的金融工作始终把实现人民对美好生活的向往作为出发点和落脚点，注重金融发展的普惠性，让广大人民群众共享金融发展成果，这是中国特色金融发展之路与西方金融发展道路的显著区别。

坚持以人民为中心的价值取向，是金融工作人民性的充分体现，也必然成为金融强国建设的一条根本原则。我们党领导的金融事业归根到底要造福人民，我国的金融强国建设必须把为人民谋幸福、为民族谋复兴摆在最高位置，切实为增进民生福祉提供高质量的金融服务。

二、中国特色金融发展之路的核心任务

坚持把金融服务实体经济作为根本宗旨，坚持把防控风险作为金融工作的永恒主题，指明了走好中国特色金融发展之路的两个核心任务——提高金融服务实体经济质效，牢牢守住不发生系统性金融风险底线——是辩证统一的。金融服务实体经济质效提高，经济发展就能够实现质的有效提升和量的合理增长，从而为防范化解金融风险提供坚实的物质基础。反过来，有效防范化解金融风险，就可以为实体经济发展创造稳定、安全、可预期的货币金融环境，有助于提高金融服务实体经济质效。

坚持把金融服务实体经济作为根本宗旨是对马克思主义金融理论的继承和发展。马克思在《资本论》第三卷中发现，“虚拟资本有它的独特的运动”。金融一旦脱离为实体经济服务的根本宗旨，就会患上“企图不用生产过程作媒介而赚到钱”的“狂想病”，进而引发金融风险，导致经济停滞和社会震荡。发达资本主义国家反复出现经济金融危机，与其金融业的脱实向虚不无关系。而在中华优秀传统

[1] 关于中国人民银行名称的来龙去脉，参见许树信（2008）、姜宏业（2008）的考证。

文化中，也早已有金融服务实体经济的精辟论断。比如司马迁在《史记》中的名言“农工商交易之路通，而龟贝金钱刀布之币兴焉”就表明，货币金融的发展植根于实体经济的发展和人民的交易需要，服务实体经济是金融的天职。

马克思主义金融理论同中华优秀传统文化相结合，形成了“经济金融共生共荣”的重要论断，以及经济和金融一盘棋思想，即：经济是肌体，金融是血脉，两者共生共荣；金融活，经济活；金融稳，经济稳；经济兴，金融兴；经济强，金融强。“肌体”与“血脉”的生动比喻表明，在经济与金融的循环流转中，实体经济发展是根本，金融服务是支撑，金融工作必须服务于经济社会发展大局。一方面，要以金融高质量发展促进经济社会高质量发展；另一方面，金融要在支持实体经济做实做强做优中实现自身高质量发展。改革开放以来，特别是党的十八大以来，党中央始终坚持经济和金融一盘棋思想，统筹推进经济和金融发展，既通过有效动员金融资源助力经济高速增长，又注重夯实金融持续健康发展的实体经济根基，避免走某些发达国家脱实向虚的老路。加快建设金融强国，归根到底是为以中国式现代化助力强国建设、民族复兴伟业提供有力的金融支撑。只有牢记金融服务实体经济这一根本宗旨，才能确保金融强国建设沿着正确的方向前进，形成与新质生产力发展相适应的金融体系和金融制度，使得优质金融资源向发展新质生产力的方向顺畅流动，不断增强经济体系的活力。

坚持把防控风险作为金融工作的永恒主题是对中华优秀传统文化中居安思危、未雨绸缪、防患于未然等忧患意识的继承和发展。中国共产党的发展壮大历程，就是从容应对风险挑战，由小变大、由弱变强的历程。在这一进程中，我们始终高度重视金融风险防范化解工作。在金融工作中坚持把防控风险作为永恒主题，与强调金融服务实体经济是辩证统一的。服务实体经济不但是金融的天职和宗旨，也是防范金融风险的根本举措。马克思主义政治经济学基本原理表明，在经济循环中，由生产、分配、流通、消费四大环节构成的实体经济供求循环发挥着基础性作用，这一循环畅通就不会出大问题。

改革开放以来，中国经历了40余年的快速发展，并没有发生金融危机，这是世所罕见的奇迹。原因并不在于中国发展进程中没有产生风险隐患，而在于中国政府一直居安思危，一手促发展，一手防风险，将不发生系统性金融风险作为发展的底线，推动经济增长做大蛋糕、积累资产，为化解金融风险隐患提供充足的弹药。中国式现代化的成功经验表明，发展和安全是一体之两翼、驱动之双轮，只有守牢风险底线，推动安全发展，才能确保金融发展的稳定、健康、可持续。建设金融强国，要求我们必须加快形成强大的金融监管体系、高效的金融风险防控体系，处理好防风险、强监管与促发展的关系。

三、中国特色金融发展之路的重大原则

在过去很长一个时期内，我国是一个人口多、底子薄的落后农业国。我国经济的现代化进程需要在确保宏观稳定的前提下完成体制转型和经济发展两大战略任务，处理好改革发展稳定关系至关重要。改革是强大动力，只有不断改革与生产力发展不相适应的生产关系，才能冲破思想观念束缚，突破利益固化藩篱，破除各方面体制机制弊端，汇聚全体人民的智慧和力量来推动发展；发展是根本目的，只有依靠发展，才能从根本上化解社会主要矛盾，推进社会主义现代化建设；稳定是基本前提，只有在经济社会平稳运行的前提下谋发展、促改革，才能最大限度地凝聚共识、稳定预期、增强信心，切实推进改革发展各项工作。中国基于转型和发展两大战略任务，坚持金融改革发展稳定的“三维统一”，相较于西方所谓的“休克疗法”“金融大爆炸”“华盛顿共识”，有着十分鲜明的中国特色。

中国的金融发展必须统筹考虑改革发展稳定，协同推进体制转型、经济发展和宏观稳定。“八个坚持”当中的后四个，系统总结了新时代金融工作正确处理改革发展稳定关系的基本经验，是我们在金融强国建设中必须始终坚持的重大原则。

坚持在市场化法治化轨道上推进金融创新发展，就是要通过推进改革为金融发展提供制度保障，既发挥市场在金融资源配置中的决定性作用，又更好地发挥政府

作用，体现了有效市场与有为政府协同发力的战略思想。一方面，市场化意味着要充分调动各类市场主体推动金融创新发展的主动性创造性，为实体经济提供更加优质的金融服务；另一方面，市场经济本质上是法治经济，金融主要依赖于信用的特点使其更需要有契约精神和法治保障。应加强金融法治建设，以法治思维提高金融监管效力，为金融业的创新发展保驾护航。

党的十八大以来，党和政府尊重经济运行和金融发展规律，着力发挥市场在资源配置中的决定性作用，持续推动利率市场化、股票发行注册制等一系列市场化改革举措。与此同时，我们将政府更好地发挥作用的一个重要着力点放在营造法治化营商环境上，持续加强金融法治建设，及时推进金融重点领域和新兴领域立法，为金融创新提供适宜的环境。有效市场与有为政府协同发力，不仅打破了西方经济学中的“市场—政府”二分法桎梏，而且以源源不断的金融创新动能推动中国步入世界金融大国行列。展望未来，党的二十届三中全会强调，必须更好地发挥市场机制作用，创造更加公平、更有活力的市场环境，实现资源配置效率最优化和效益最大化。这就要求我们坚持市场化取向，充分发挥市场在金融资源配置中的决定性作用。法治是中国式现代化的重要保障，高水平社会主义市场经济体制必须建立在法治化的基础上。因此，在金融强国建设中，依然要坚持将市场化法治化轨道作为推进金融创新的基本路径。

坚持深化金融供给侧结构性改革，就是要用改革的办法着力破解金融发展不平衡不充分、不能充分满足人民群众和实体经济需要这一难题。这就要求金融业按照供给侧结构性改革的总体要求，以解决融资贵融资难问题为抓手，推动市场体系、机构体系、产品与服务体系的结构调整，从而起到连接供求和组织资源的作用，推动实体经济均衡发展。

在开拓中国特色金融发展之路的过程中，党中央善于抓住主要矛盾和矛盾的主要方面创造性地开展工作。新时代，我国社会主要矛盾已经转化为人民日益增长的美好生活需要和不平衡不充分的发展之间的矛盾。就金融领域而言，矛盾的主要方面就是金融服务供给不平衡不充分，不能完全满足人民群众和实体经济的金融服务需求。为了破解这一难题，党中央作出深化金融供给侧结构性改革的重大决定，从供给侧入手，用深化改革的办法推动金融业结构调整，不断激发内生动力，推动金融业质量变革、效率变革、动力变革，以更好地满足经济社会发展的金融服务需求。金融强国建设，就是要从供给侧入手，不断提高金融业的发展质量、效率和竞争力，以更好地适应社会主义现代化强国建设中的金融服务需求。因此，继续深化金融供给侧结构性改革将是推动我国金融由大变强的必由之路。

坚持统筹金融开放和安全，就是要将安全作为开放的前提条件，将开放作为安全的必要条件，使二者相互促进，形成共促高质量发展的合力。安全是开放的前提条件，开放是安全的必要条件，二者统一于贯彻新发展理念、推动高质量发展的进程之中。新时代的金融工作，始终坚持对外开放基本国策不动摇，着力推进金融高水平开放，建设更高水平开放型经济新体制，更好地利用两个市场两种资源，构筑我国金融业国际合作和竞争新优势，不断提高金融发展质量。与此同时，我们认识到，越开放越要重视安全，越要统筹好发展和安全，着力增强自身竞争能力、开放监管能力、风险防控能力，炼就“金刚不坏之身”，实现更加安全的发展。

在新时代的金融工作中，我们推动渐进开放，坚持底线思维，守住了不发生系统性金融风险的底线。相对于产业、贸易的开放，中国金融业的开放是渐进而审慎的，必要的资本管制是维护金融稳定和安全的“防火墙”。底线思维强化了风险意识，这包括加强和完善监管、提升金融韧性，以及维持较大规模的外汇储备以防不时之需。面向未来，金融强国建设一定要在开放的条件下进行，中国金融开放的大门也必将越开越大。如何在开放的环境中守住安全底线，在安全的前提下持续推动金融开放，将是金融强国建设中的一道必答题，必须在统筹开放和安全这一基本原则下切实回答好。

坚持稳中求进工作总基调，就是要以“稳”定大格局，以“进”定新方位，正确处理改革发展稳定关系。稳中求进是我们党治国理政的总基调。扩展开来说，就是坚持“稳中求进、以进促稳、先立后破”，把握好“稳”和“进”、“立”和“破”这两对辩证关系。

“稳”是大局和基础，为“进”创造前提条件；“稳”的重点是稳定经济金融运行，防范化解金融风险。“进”是方向和动力，为“稳”提供坚实的物质技术基础；“进”的重点是深化金融改革开放，推动金融结构调整。“稳”和“进”，两者相互支撑、辩证统一。在金融强国建设中，面对风高浪急甚至惊涛骇浪的考验，我们要以稳定立大局，为转方式、调结构、提质量、增效益创造基础条件；同时，以进取谋未来，通过深化金融体制改革和推动金融高质量发展，为稳增长、稳预期、稳金融注入新动能；以稳健的步伐迈向金融强国，努力实现既“稳”且“进”。

总之，我们要将“八个坚持”贯通起来，从党中央开拓中国特色金融发展之路的大逻辑中把握它们的本质特征，系统理解其深刻内涵，在金融强国建设进程中始终坚持，并不断在实践中丰富发展。

第四节

加快建设中国特色金融强国

我国的金融强国建设宏伟目标是在两个大局——世界百年未有之大变局与中华民族伟大复兴战略全局——相互交织、相互激荡的大时代背景下提出的，是推进中国式现代化、建设社会主义现代化国家的内在要求。建设金融强国的逻辑内嵌于社会主义现代化的大逻辑之中。我们不仅要把握现代金融发展的一般规律，更要坚持金融强国的中国特色，努力开拓中国特色金融强国之路。

一方面，尊重现代金融发展的一般规律。世界金融发展史揭示出金融强国的重要支撑因素，其中包括强大的经济基础和六大关键核心金融要素。要紧紧围绕这“1+6”，壮大经济基础，提升科技实力，增强综合国力；加快建设现代中央银行制度，稳慎扎实推进人民币国际化；构建分工协作的金融机构体系，增强上海国际金融中心的竞争力和影响力，巩固提升香港国际金融中心地位；全面加强金融监管，建设具有纯洁性、专业性和战斗力的高素质金融人才队伍。

另一方面，坚持金融强国的中国特色。坚持党中央对金融工作的集中统一领导，坚持以人民为中心的价值取向，深刻领悟金融工作的政治性和人民性；坚持金融服务实体经济的根本宗旨和防控风险的永恒主题，牢牢把握金融工作的核心任务；坚持改革、发展、稳定的统一，在市场化法治化轨道上推进金融创新发展，深化金融供给侧结构性改革，统筹金融开放和安全，坚持稳中求进工作总基调，严格遵循统筹推进金融强国建设的重大原则。

面向未来，我们必须把推进中国式现代化作为最大的政治，聚焦经济建设这一中心工作和高质量发展这一首要任务，按照中央金融工作会议作出的战略部署，以加快建设金融强国为目标，以推进金融高质量发展为主题，以深化金融供给侧结构性改革为主线，以金融队伍的纯洁性、专业性、战斗力为重要支撑，以全面加强监管、防范化解金融风险为重点，扎实推动金融高质量发展，加快建设金融强国，不断开创新时代金融工作新局面，为经济社会发展提供高质量金融服务。

总之，新时代新征程，我们要坚定自信，在金融强国实践中沿着“两个结合”这一根本途径继续探索完善，深化对金融工作本质规律和发展道路的认识，全面增强金融风险应对能力，使中国特色金融发展之路越走越宽广，为中国式现代化提供有力支撑。

Chapter 6

第六章

金融强国的战略任务

习近平总书记在省部级主要领导干部推动金融高质量发展专题研讨班开班式上指出，建设金融强国，必须加快构建中国特色现代金融体系[1]。这一重要论断表明，加快建设金融强国是战略目标，加快构建中国特色现代金融体系是内嵌于金融强国目标的重大战略任务。目标决定任务，唯有建立起中国特色现代金融体系，方能构筑起金融强国的“四梁八柱”，推动我国金融不断发展壮大。换言之，如果没有中国特色现代金融体系的有力支撑，就不可能真正建成金融强国。

[1] 坚定不移走中国特色金融发展之路 推动我国金融高质量发展[N].人民日报，2024-01-17（1）.

第一节

中国特色现代金融体系的总体架构

中国特色现代金融体系的基本要义，可以用“具备三个基本特点，由六大体系构成”加以概括。本节将对这一体系的总体架构进行简明扼要的介绍。

一、基本特点

从2019年召开的党的十九届四中全会到2023年召开的中央金融工作会议，以习近平同志为核心的党中央均采用“具有高度适应性、竞争力、普惠性”这一定语来刻画我国现代金融体系的基本特征。这就表明，中国特色现代金融体系的基本特点就是具有高度适应性、竞争力和普惠性。

第一，适应性要求金融体系的功能与我国实体经济发展方向相契合，体现出金融服务实体经济的初心使命。要使金融体系具有高度适应性，就必须把握新发展阶段的中国经济发展大势，努力发挥好金融的资源配置媒介作用，使得金融发展更好地适应实体经济发展的需要，在守住不发生系统性金融风险底线的前提下，通过提升资金配置效率来带动劳动、技术、土地、数据等各类实体要素配置效率的提高，推动新质生产力发展，提高经济发展质量。

第二，竞争力是金融体系发挥自身功能、提高资源配置效率的根本所在，体现出效率维度和开放维度。要使金融体系具有高度竞争力，就必须将金融视为国家的重要核心竞争力，以雄厚的实体经济基础和稳定的经济运行态势为支撑，充分发挥市场规模巨大、人力资源丰富、宏观调控能力强、金融韧性好等优势，着力构建更高质量、更有效率、更可持续、更为安全的金融体系，以金融开放促进国内国际双循环，不断提高我国金融业的国际竞争力。

第三，普惠性是指降低金融门槛，以更好地满足普通百姓、中小微企业等群体多样化的金融需求，体现出公平发展、共享发展的要求。如果说适应性与竞争力是现代金融体系的共同特征，那么，普惠性就是社会主义制度的本质要求，具有鲜明的中国特色。要使金融体系具有高度普惠性，就必须认真践行以人民为中心的金融发展观，加强党中央对金融工作的集中统一领导，更好地满足人民群众多元化的金融服务需求，既持续增强金融服务的可得性、便利性、包容性，又有力维护国家经济金融稳定和人民财产安全，促进全体人民共同富裕。

二、总体构成

中国特色现代金融体系由“六大体系”构成，“六大体系”即：科学稳健的金融调控体系、结构合理的金融市场体系、分工协作的金融机构体系、完备有效的金融监管体系、多样化专业性的金融产品和服务体系、自主可控安全高效的金融基础设施体系。

“六大体系”是中国特色金融发展之路的六大支柱（或要素）。从一国金融体系的构成来看，这六大支柱之间存在有机关联。金融市场体系、金融机构体系、金融产品和服务体系是中枢，构成金融运行的主体部分；金融调控体系与金融监管体系是治理，是影响金融运行的上层建筑；而金融基础设施体系是根基，是金融运行与治理的基石。

习近平总书记关于金融强国六大关键核心要素（“六个强大”）的论述，以及关于构建中国特色现代金融体系六大方面（“六大体系”）的论述[1]，不仅是对现代金融发展客观规律的概括总结，更是为锚定金融强国目标、推动金融高质量发展指明了方向。

“六个强大”与“六大体系”有着内在的逻辑关联，体现了局部与整体的关系。一方面，“六大体系”涵盖金融发展的主要领域，“六个强大”内嵌于其中；

[1] 坚定不移走中国特色金融发展之路 推动我国金融高质量发展[N].人民日报，2024-01-17（1）.

另一方面，“六个强大”是从“六大体系”中提炼出的反映金融强国特征最集中、最突出的方面。在金融强国建设进程中，我们要整合“六个强大”与“六大体系”，探索以金融强国为目标、推动金融高质量发展的实践路径。一方面，要锚定金融强国目标，围绕“六个强大”，找准金融高质量发展的方向；另一方面，要坚持问题导向，聚焦中国金融“大而不强”、金融服务实体经济质效不高、金融监管不力与金融风险累积等弱项，通过实施“六大体系”建设，补齐金融高质量发展的短板。坚持目标导向与问题导向相统一是锚定金融强国目标、推动金融高质量发展的重要方法论基础。

第二节

科学稳健的金融调控体系

我国的宏观调控是联结改革发展稳定的一套政策框架，秉持系统观念，从中国经济转型和发展的实际出发，突破西方经济学中稳定化政策的窠臼，致力于协同推进体制转型、经济发展和宏观稳定。党的十八大以来，我国逐步构建起一套由三层架构组成的宏观经济治理体系。根据《中华人民共和国国民经济和社会发展第十四个五年规划和2035年远景目标纲要》的表述，第一层是作为战略导向的国家发展规划，第二层是作为主要手段的财政政策和货币政策，第三层是作为必要政策工具的就业、产业、投资、消费、环保、区域等政策。

由此可见，货币政策是我国宏观调控的主要手段之一，以货币政策为核心的金融调控体系是宏观调控体系的重要组成部分。金融宏观调控通过调控全社会的货币资金流动，来影响经济主体的资金可得性和资金获取成本，进而改变实体经济的运行态势。将科学稳健的金融调控体系建设放在“六大体系”建设之首，充分表明金融宏观调控对国民经济和社会发展全局具有重大意义。

中央银行是金融体系的中枢，金融宏观调控要靠中央银行来实施。更进一步讲，中央银行制度是一国最重要的货币金融管理制度，现代中央银行制度是现代市场经济体系、宏观经济治理体系的重要组成部分。在现代信用货币体系之下，如果中央银行能够恰如其分地管理货币，就能够用好货币在资源配置中的积极作用，通过增加货币供给量来更多地动员储蓄，而金融服务有效供给的增加则既可提高国民储蓄率，也可提高从储蓄向投资的转化效率，从而增加可贷资金数量，扩大资本形成规模，有力推动经济增长。反过来，如果中央银行的货币管理不当，则极有可能导致经济金融体系的剧烈波动，要么是货币超发带来通胀和资产价格泡沫，要么是银根过紧带来通缩甚至经济金融危机。

回首全球中央银行发展史，自瑞典中央银行与英格兰中央银行于17世纪中晚期建立以来，中央银行制度的演进已经持续了3个多世纪。尤其是20世纪初叶美联储创建以来，历经大萧条、大通胀（20世纪60年代中期到80年代中期）、大缓和、大衰退（2007—2009年的全球金融危机），以及大流行（2019—2023年的新冠疫情），各国中央银行在持续变化的环境的挑战中不断成长和成熟。

尽管中央银行制度的变化很难用一个统一的模式来加以描述，但以下四个方面的演进特征非常明显。一是从金属可兑换性（作为目标或约束）到法定货币。历史上，法定货币充其量只是应付战争需要的权宜之计，搞不好就是背信弃义。今天，法定货币则以机构信誉或国家信用为基础，是一种信用货币。二是中央银行从私人治理转向公共治理。尽管美联储具有部分私营性质，但没有人质疑其公共治理特征。二战后，大多数中央银行实施了国有化。三是国家（或地区，如欧元区）层面的集中支付系统诞生。大型支付系统的国家垄断在20世纪中叶成为国际标准。四是中央银行职能的扩展。中央银行不仅要承担最后贷款人的职能，而且要成为最后做市商——不局限于救助传统银行和金融中介，还要针对更广泛的金融市场和金融产品进行救助。自2008年全球金融危机以来，这一趋势在主要发达经济体中愈加凸显。

需要强调的是，中央银行本身是经济金融发展到一定阶段的产物，因此，中央银行制度的规定性也会随着时代的变迁而不断被重塑。正如伯南克在《21世纪货币政策》中所说，由于通胀与失业关系减弱、正常利率水平长期下行和系统性金融风险不断增加，美联储需要突破很多教条，形成新的政策框架。特别是2008年全球金融危机对于“主流”货币政策理论与实践的双重冲击，引起人们对现代中央银行制度的反思和重塑，这涉及价格稳定与金融稳定双目标，货币政策与宏观审慎双支柱，货币政策与其他相关政策（特别是财政政策）的协调配合，以及中央银行的独立性，等等。

尽管在不同的时期，中央银行的政策框架（含目标和工具）与治理结构各不相同，但发展到今天的中央银行，即所谓的现代中央银行，对货币政策、金融体系的稳定和金融基础设施的核心要素（支付清算）都负有重要责任。围绕中央银行这些职能和为实现这些职能而进行的制度安排，构成现代中央银行制度的基本内涵。这涉及政策目标、政策工具、治理机制与中央银行独立性。

第一，政策目标。现在，价格稳定是大多数中央银行的主要目标，这要么是因为明确的立法授权，要么是因为想实现一般性目标（如可持续经济增长）。然而，价格目标并不是唯一的，所有中央银行都需要考虑其他目标：从货币金融层面讲，包括物价稳定与金融稳定；从实体经济层面讲，则是促增长与稳就业。尤为重要的是，2008年全球金融危机爆发之后，中央银行在维护金融稳定方面的作用变得越来越重要，因为如果未能实现金融稳定，那么物价稳定和经济稳定的目标最终也无法实现（Kiley et al.，2024）。由单一目标（如通胀目标）到多元目标，体现了经济社会发展对中央银行提出的新要求，但也带来多重目标间的潜在冲突。

第二，政策工具。根据丁伯根法则，一个目标至少需要一种有效的政策工具，现代中央银行需要形成与多目标相匹配的多工具政策框架。比如，如果只追求价格稳定，按经典的宏观经济学理论，只需要利率工具就够了；但现在要顾及金融稳定，那么，就还需要宏观审慎政策工具。此外，经济大环境的变化也需要工具创新，这包括通过量化宽松购买更广泛的金融资产、融资换贷计划、负利率和收益率曲线控制等。

第三，治理机制与中央银行独立性。按照教科书中的标准说法，中央银行独立性包括目标独立性和工具独立性。一般来说，中央银行在目标独立性上较弱，因为政策目标往往是政府制定的；但在工具独立性上较强，即中央银行对采用什么样的政策工具来实现既定目标有较大的裁量权。中央银行独立性反映在其治理机制上，主要是中央银行与政府的权利义务关系。中央银行独立性是相对的，虽然货币政策操作具有较强的独立性，但维护金融稳定需要中央银行与政府协调配合。强大的财务实力和稳健的资产负债表是现代中央银行保持独立性的重要前提。全球金融危机和新冠疫情改变了主要发达经济体的货币政策框架，以量化宽松和大规模扩表的方式投放流动性成为常态，鼓吹财政赤字货币化的现代货币理论（MMT）也颇受青睐，这些均对中央银行独立性构成一定的挑战。

一般认为，与传统中央银行相比，现代中央银行更加注重维护币值稳定，更加注重运用市场化、价格型间接调控方式，更加注重财务独立性和可持续性，更加注重预期管理，更加注重加强宏观审慎管理，防范化解系统性金融风险，维护金融体系整体稳定（陶玲，2024）。正如党的二十大报告所指出的，中国式现代化既有各国现代化的共同特征，更有基于自己国情的中国特色。现代中央银行制度也不例外。以上提到的现代中央银行制度的基本内涵，包括政策目标、政策工具、治理机制，都是当前我国建立现代中央银行制度的要件；但更重要的是，我们还要有“基于自己国情的中国特色”，这体现在党的领导、以人民为中心的发展观、社会主义市场经济制度等基本遵循上，这些都将在塑造现代中央银行制度的中国特色方面发挥重要作用。具体来说，就是要将党的领导落实到中央银行治理机制中，将以人民为中心的发展观落实到中央银行政策目标中，将社会主义市场经济原则落实到中央银行政策工具中。加快完善现代中央银行制度的一项重要内容是健全金融调控体系，其基本取向是科学稳健。科学，就是要尊重经济运行和货币流通规律，在使市场在资源配置中发挥决定性作用的前提下更好发挥政府作用。稳健，就是要有效维护人民币币值和经济金融稳定，为中国式现代化的顺利推进创造平稳的经济环境。拓展开来看，新发展阶段的中国金融调控，要以高质量发展为主题，从我国实际出发，根据新形势拓展调控视野，优化调控目标体系，完善决策和协调机制，健全政策工具体系，推动宏观经济治理体系现代化。

第一，根据形势变化完善货币政策目标体系。中央银行的政策实施应主要基于规则（rule-based），目标（无论是通胀目标、名义GDP目标还是就业目标）清晰，这样有利于中央银行建立可置信承诺，货币政策效果也会更好。在此基础上，中央银行要以维持币值的内外稳定（通胀水平的稳定和汇率水平的稳定）为基本目标，坚持“以我为主”：对外，努力减少中心国家货币政策溢出效应的影响；对内，不要被其他目标所影响或干扰。要坚持把维护币值稳定和金融稳定作为中央银行的两大中心任务，加强前瞻性思考、全局性谋划、战略性布局、整体性推进，在多重目标中寻求动态平衡。要更加关注结构性目标，重视就业和“双碳”等，疏通货币政策传导机制，提高精准调控滴灌能力，使流动性更有效、更精准地注入实体经济。要完善中介目标的锚定方式，将实际利率与潜在经济增速和保持物价稳定的要求相匹配，使社会融资规模、货币供应量同经济增长和价格水平预期目标相匹配，保持货币信贷总量和社会融资规模合理增长。

第二，关注人口、技术和制度等中长期因素对经济运行的影响，更加注重协同做好跨周期调节和逆周期调节。我国经济发展环境正在发生巨大变化，张晓晶 等（2023b）的研究表明，考虑人口老龄化加速、新冠疫情冲击与中美技术脱钩“三大新因素”的影响后，“十四五”时期，我国潜在增长率相较于基准情景年均下降1个百分点，而加入供给侧结构性改革能够有效对冲“三大新因素”的不利影响。面对新情况，在金融调控中要坚持系统观念，把握总供求关系的动态变化，把扩大内需这个战略基点同深化供给侧结构性改革这个主攻方向有机结合起来，兼顾短期内的宏观稳定与中长期的改革发展安全等多重目标，强化政策衔接，保持政策连续性。这就意味着在金融调控中要有跨周期思维，调控措施要兼顾稳定性增强与增长潜力提升。在实施逆周期调节的过程中，政策的节奏和力度要能够对冲内外部各类冲击因素的影响，防止短期冲击演变成趋势性变化，不断提高发展的自主性、安全性和可持续性。在实施跨周期调节的过程中，要注重发挥好发展规划、财政政策、货币政策和其他各类政策工具的比较优势，克服政策短视，保持政策的可持续性。

第三，丰富货币政策工具体系，加强货币供应总量和结构双重调节。在发挥好货币政策总量调控功能的基础上，注重打造结构性货币政策工具，充实货币政策工具箱，发挥其优化资金供给结构的作用。在保持银行体系流动性合理充裕的同时，建立激励相容机制，将中央银行资金与金融机构对特定领域和行业的信贷投放挂钩，引导金融机构将信贷资源投放至普惠小微、绿色发展、科技创新等领域，创新结构性货币政策工具，做好金融五篇大文章，引导金融“活水”精准滴灌重大战略、重点领域和薄弱环节，支持经济高质量发展。

第四，健全市场化利率形成、调控和传导机制，发挥国债收益率曲线在货币政策传导和金融资产定价中的重要作用。利率是资金的价格，反映资金的稀缺性，引导资金的流动和实体资源的配置，通过改变投资与消费需求影响宏观经济的稳定（易纲，2023）。从这个意义上说，利率是货币政策的核心。要加快推进利率市场化改革，使利率的水平、风险结构和期限结构由资金供求双方在市场上通过反复交易的竞争来决定，建设完善的市场利率体系。要健全市场化利率形成、调控和传导机制，以短期操作利率为主要政策利率，理顺由短期操作利率向长期利率的传导，明确利率走廊上下限，形成分工明确、合理联动的中央银行利率体系。要坚持“以我为主”实施好利率调控，按照经济规律、宏观调控和跨周期设计的需要，引导和把握宏观利率水平。要推动国债和信用债收益率曲线作为贷款市场的定价基准，扩大以收益率曲线作为定价基准的应用范围，构建基于国债收益率曲线的利率传导框架与政策操作路径，提高政策实施的精准性。

第五，建立覆盖全面的宏观审慎管理体系。宏观审慎政策的目标是防范系统性风险，维护金融稳定，它与货币政策一道，构成我国金融调控的双支柱。总结历次金融危机的成因，那些未能完全纳入货币政策和微观审慎监管政策监测范畴的信用中介及其信用创造活动，是放大杠杆倍数和引发系统性金融风险的“罪魁祸首”之一。从金融稳定的角度来看，宏观审慎管理的重点是适应宏观经济金融形势变化需要，扩大政策覆盖面，加强跨周期、跨行业、跨市场和跨境风险分析，特别是要完善金融综合统计体系，将各类信用中介的信用创造活动全部纳入监管。同时，要完善房地产宏观审慎金融政策，推动房地产业健康发展。加强对国际经济金融风险外溢影响的监测，健全全口径跨境资金流动监测预警响应机制。推动宏观审慎政策与货币政策、信贷政策、微观监管政策等的协调配合和联动。

第六，加强货币政策和财政政策的协调配合。当前，国内外环境错综复杂，导致市场主体预期转弱、风险偏好降低和信用紧缩。在这种情况下，既要发挥财政政策在稳增长中的关键作用，大规模使用政府财政手段扩大有效投资稳内需，又要通过货币金融环境的改善来降低融资成本（董昀，2023a）。要在中国人民银行公开市场操作中逐步增加国债买卖，特别是在财政部扩大国债发行规模的同时，中央银行可以进入二级市场进行公开市场操作，扩大购买国债规模，降低国债利息成本，从而更有力地推动经济增长。此外，还要积极稳妥完善国库现金管理制度，加强财政政策与货币政策在重大风险处置中的协调配合，加强财政资金与信贷资金在助力经济结构调整和新质生产力发展中的联动，确保形成推动高质量发展的整体合力。

第七，增强中央银行财务实力和资产负债表稳健性，为依法履职提供坚实支撑。要切实提升中央银行资本收益水平，适当提高中央银行利润留存比例，增强中央银行财务实力。健全财务缓冲机制，加强对风险资产的评估分类管理，建立用于弥补各种风险损失及缓解顺周期效应的专项准备金和动态准备金，提高中央银行资产负债表稳健性。同时，中央银行要实行独立的财务管理制度，建立可靠的“防火墙”，为实现中央银行资产负债表的稳健性提供制度保障。

第三节

结构合理的金融市场体系

伴随着金融改革的不断深入，我国的金融市场体系建设不断完善。货币市场、资本市场和外汇市场的功能日益完善，金融市场间的协调性显著提高，金融与实体经济良性循环逐步形成。但还须看到，我国金融市场体系存在的结构性问题仍十分突出。一方面，我国的直接融资发展较为滞后，以银行信贷为主导的间接融资结构不仅推高了全社会的杠杆水平，也使得创新创造活动难以获得有效的资金支持，从而降低了金融市场的资源配置效率。另一方面，尽管我国金融市场的规模在持续扩张，但金融市场的广度、深度和开放度仍然不足，突出表现为资本项目开放不足、市场开放碎片化、金融衍生品市场规模小而无法充分满足境外投资者对金融资产的多样化需求等。这些问题不仅制约了我国金融市场的均衡发展，也阻碍了金融市场支持实体经济效率的提高。

应特别注意到，我国当前的金融结构仍然是以银行为主导的。这一结构的比较优势是能快速动员储蓄资源，并高效地处理标准化信息。在经济发展的早期阶段，中国企业与世界技术前沿存在较大的差距，技术路线比较明确，企业在实施流程创新的过程中面对的不确定性较小，信息变动也不剧烈。间接融资方式能够比较有效地根据标准化信息配置金融资源，获取规模收益递增的效益，从而较好地为大规模工业化服务。

但是，间接融资方式由于很难快速处理不确定性和非标准化信息，因而难以支持高新科技的大规模产业化，难以适应经济结构的剧烈变动。在经济转入创新驱动发展阶段之后，金融市场的比较优势逐渐显现出来。在市场上直接融资意味着资金需求方（从事创新活动的企业家）与资金供给方（投资者）在市场中直接交流沟通，这种方式允许每个人表达自己的意见，并允许投资者犯错误。可见，直接融资方式能够较好地处理不确定性和非标准化信息，支持大规模自主创新活动。在新质生产力发展和科技创新成为现代化建设核心环节的新形势下，建设结构合理的金融市场体系事关高水平科技自立自强，具有极端重要的意义。

党的二十届三中全会对进一步健全金融市场体系和深化资本市场改革进行部署，作出“健全投资和融资相协调的资本市场功能，防风险、强监管，促进资本市场健康稳定发展”的重大决策部署，为下一步我国金融市场发展改革指明了方向。投资功能和融资功能是资本市场功能的一体两面。资本市场一方面为实体经济的生产经营活动供应资金，提供融资服务；另一方面为投资者开拓投资渠道，使投资者从实体经济发展中获取投资回报。二者相辅相成才能推动资本市场健康发展。党的十八大以来，我国资本市场监管制度不断完善，股票发行注册制改革稳步推进，多层次资本市场建设扎实进行。但投资功能和融资功能失衡现象依然存在，成为我国资本市场由大变强的一个重要制约因素。这一现象突出表现为，自2020年以来，全国新增上市公司超过1500家，2022年、2023年融资额连续两年居全球第一位，但同期主要股指较为低迷，股民获得感不强[1]。

要建成与金融强国相匹配的高质量金融市场，我们需要正确处理改革发展稳定关系，以防风险、强监管、促进资本市场健康稳定发展为主线，抓牢完善资本市场基础性制度这一重点，调动一切积极因素，调动各方面积极性，汇聚成推动金融市场高质量发展的合力，从而促进资本市场投资、融资功能相协调。这有利于吸引社会资金入市，促进居民储蓄转换为股权投资，为资本市场提供源头活水，推动资本市场稳步发展，改善资本市场预期，增加居民财产性收入，促进消费和扩大有效需求，使实体经济获得资金支持，发挥资本市场有效配置资源的作用。在实践中，要把握好以下四个原则。

第一，改革的关键是强监管。要抓住完善资本市场基础性制度这个“牛鼻

[1] 本书编写组.党的二十届三中全会《决定》学习辅导百问[M].北京：党建读物出版社，2024：85.

子”，严字当头，深化监管体制改革。要严把发行上市准入关，严格上市公司持续监管，加大退市监管力度。同时，加强证券基金机构监管，加强交易监管，完善大股东、实际控制人行为规范约束机制，完善上市公司分红激励约束机制，健全投资者保护机制，构建起全方位、立体化的资本市场监管体系。

第二，稳定的重点是防风险、稳预期、稳信心。要从维护市场平稳运行、防范化解重点领域风险、健全预期管理机制、统筹开放与安全等方面着手，切实增强资本市场内在稳定性，特别是要建立增强资本市场内在稳定性的长效机制。具体来说，应加强以下五个方面：一是从资产端着手，大力提升上市公司投资价值；二是从资金端着手，持续引入更多源头活水；三是从交易端着手，进一步优化完善市场监管机制；四是从文化端着手，积极培育长期价值投资理念；五是从工具端着手，进一步丰富完善政策工具箱。这是增强金融韧性、应对各种可以预料和难以预料的风险的治本之策。

第三，深刻认识高质量发展这个新时代的硬道理，以金融市场高质量发展推动经济社会高质量发展。要着力做好科技金融、绿色金融、普惠金融、养老金融、数字金融五篇大文章。重点是推动股票发行注册制走深走实，完善多层次资本市场体系，增强资本市场制度的适应性和包容性，促进长期资本、耐心资本的形成，支持长期资金入市，鼓励和规范发展天使投资、风险投资、私募股权投资，从而提升金融服务创新发展的能力，推动“科技—产业—金融”良性循环，促进新质生产力发展。

第四，正确处理改革发展稳定关系的成果，最终要体现为形成推动高质量发展的合力。金融市场参与主体众多、运行机理复杂，要通过德治和法治相结合的办法，着力营造良好的市场生态。特别是要大幅提升违法违规成本，加大对证券期货等领域违法犯罪的联合打击力度，深化央地、部际协调联动，打造政治过硬、能力过硬、作风过硬的监管铁军，培育诚实守信、以义取利、稳健审慎、守正创新、依法合规的金融文化，形成共建共治共享的金融市场有效治理格局。

在上述原则指导下，建设结构合理的金融市场体系，需着重做好三个方面的工作：一是加快建设更加完善的金融市场体系，提高直接融资占比（发展）；二是完善资本市场基础性制度（改革）；三是加强金融市场对内对外开放，提升金融服务质量（开放）。

在金融市场体系建设方面，主要的任务是加快建设安全、规范、透明、开放、有活力、有韧性的资本市场，强化债券市场、货币市场、外汇市场功能。围绕提高直接融资比重，健全多层次资本市场体系。聚焦支持高水平科技自立自强关键目标，推动股票、债券、期货市场协调发展。发展多元化股权融资，支持上海证券交易所、深圳证券交易所建设世界一流交易所，高质量建设北京证券交易所，引导私募股权创投基金投早投小投科技。健全各层次市场互联互通机制，完善转板上市机制，更好地发挥各板块市场功能，为优质企业提供多元的发展路径和上市地选择，特别是进一步深化新三板改革，研究出台精选层公司转板上市相关规则，提升对中小企业的服务能力。

完善资本市场基础性制度的主要任务：①提升对投资者的服务和回报水平。完善保险、银行理财、信托资金、社保基金、基本养老金、企业年金、个人养老金等权益投资，推出与投资者需求相匹配的金融产品和服务，改革行业综合费率，向投资者让利。构建支持“长钱长投”的政策体系，完善有利于长期投资行为的考核评价、税收、投资账户等制度。②健全和推广股票发行注册制。完善发行承销制度，在总结科创板、创业板试点经验的基础上，稳步在全市场推行注册制。完善以投资者需求为导向的信息披露规则体系，打造权责清晰、标准统一、透明高效的发行审核注册机制。提高主板、创业板上市标准，完善科创板科创属性评价标准，强化信息披露要求，健全新股发行定价机制。进一步规范强制退市标准，严格执行和实施退市制度。③强化持续监管。加强上市公司监管，严格信息披露和公司治理要求，加强减持、分红、并购重组等环节监管，强化上市公司及其股东、实际控制人、董事、高管等人员责任。加强交易环节监管，严肃查处操纵市场、恶意做空等行为。

加强中介机构监管，惩治财务造假等违法违规行为。加强证券基金机构监管，强化履职尽责要求，推动建立长周期考核机制，由规模导向向投资者回报导向转变。④完善上市公司自律规则体系，探索建立健全分层次、差异化的信息披露制度，提升信息披露制度的适应性与包容性，研究制定先进制造、数字经济、绿色低碳等重点领域专项信息披露指引。⑤完善投资者保护制度体系，进一步提升证券行业违法成本，健全投资者赔偿救济机制，对违法违规行为负有责任的控股股东、实际控制人、董事、高管、中介机构等要依法赔偿投资者损失。落实好证券纠纷特别代表人诉讼制度。普及金融投资和风险知识，加强投资者教育。⑥完善权益投资的会计、业绩评价和激励机制等制度安排，培育和增强资本市场长期投资的意愿和能力，积极倡导长期投资、价值投资和理性投资文化。⑦健全资本市场法治保障和配套支持制度，构建符合资本市场发展规律的法律法规体系，推动完善行政执法、民事追偿和刑事惩戒相互衔接、相互支持的监管执法体系，通过强化制度供给全面提升依法治理效能。建立健全公开透明的资本市场制度规则体系，让市场对监管有明确预期，实现市场生态的良性循环。

进一步扩大金融市场对外开放，要与上海、香港的国际金融中心建设有机结合起来。要在扩大开放过程中进一步提升上海、香港的国际金融中心在全球金融市场的影响力。一是增强上海国际金融中心的竞争力和影响力。进一步吸引世界级金融和总部企业，以及世界一流律师事务所、评级机构、会计师事务所等专业机构在上海聚集，推动形成齐备的金融全产业链生态环境。支持上海建设具有全球影响力的金融市场体系，建设国际金融资产交易平台，更好地发挥科创板的试验田作用，推动注册制走深走实，高水平建设再保险“国际板”。二是巩固提升香港国际金融中心地位。强化香港全球投融资平台的地位优势，支持香港打造海外资本“引进来”和国内企业“走出去”的桥头堡。优化内地与香港金融市场互联互通机制，丰富风险管理产品和做好流动性管理安排，增强离岸和在岸两个市场的联系。强化香港离岸人民币业务的枢纽地位，推动将人民币股票交易柜台纳入港股通，促进香港股票以人民币计价交易，推动落实离岸国债期货，丰富人民币投资产品种类。

第四节

分工协作的金融机构体系

自1969年戈德史密斯（Goldsmith）开创金融结构理论以来，尽管学术界对于什么样的金融结构有利于经济增长还存在争议，但对于金融结构会对经济增长产生重要影响已基本形成共识（Boot et al.，1997；林毅夫 等，2006）。

金融机构是金融强国建设的重要微观基础。我国拥有全球最大的银行体系，银行业金融机构数量超过4000家，5家大型商业银行入选全球系统重要性银行，金融机构综合实力和影响力不断增强，但也存在发展水平参差不齐、竞争力不强等问题。

尤为重要的是，我国金融机构数量众多，不同类型金融机构的资源禀赋不同，发展情况各异。与此同时，随着经济的发展，市场主体的金融需求多元化趋势越来越明显。金融供求两方面的特点要求不同类型的金融机构需要坚持差异化的发展定位，实现错位发展和分工协作，以更好地满足不同市场主体的差异化金融需求。因此，分工协作便成为我国金融机构体系建设的努力方向。

建设分工协作的金融机构体系，要坚持以下四个基本原则：

第一，完善金融机构定位和治理。坚持回归本源、专注主业，进一步完善各类金融机构功能定位。强化政策性金融机构职能定位，引导大型商业银行积极承担战略性金融任务，鼓励股份制银行突出经营特色和竞争优势，推动城市商业银行和民营银行等中小金融机构立足当地开展特色化经营，推动各类金融机构找准定位、优势互补。

第二，优化金融机构布局。以金融体系结构调整优化为重点，优化融资结构和金融机构体系，巩固银行体系的规模优势，规范发展非银行金融机构，对标世界一流投资银行和投资机构，形成若干熟悉国际金融市场运行规则、具有世界竞争力的中国投资银行和投资机构品牌，加快构建整体协同、分工明晰的金融机构体系。

第三，提高金融机构服务实体经济质效。鼓励金融机构围绕科技金融、绿色金融、普惠金融、养老金融、数字金融五篇大文章加强金融创新，提高金融产品和服务的多样化和专业性，不断适应经济高质量发展新要求。

第四，提升金融机构国际竞争力。进一步扩大金融业对外开放，为金融机构参与国际竞争与合作、拓展国际业务提供政策支持。引导银行业金融机构提高国际化经营水平，利用自身的规模和资源优势扩大国际影响力，鼓励金融科技企业在数字金融等优势领域发挥领头羊作用。

在上述原则指导下，各类金融机构的发展定位各有侧重，彼此协同。

第一，支持国有大型金融机构做优做强。作为我国金融体系的中坚力量，国有大型金融机构要当好服务实体经济的主力军和维护金融稳定的压舱石。一是提高国有大型金融机构竞争力。完善中国特色现代金融企业制度，持续优化国有大型金融机构股权结构，提高国有金融资本管理效率；深化党建与公司治理有机融合，完善公司内部治理架构，优化考核激励制度，提升国有大型金融机构治理现代化水平；主动融入高水平对外开放大局，提高国际化水平，对标国际先进金融机构，打造具有国际竞争力的一流金融机构。二是树牢底线思维，强化风险防控。不断完善国有大型金融机构现代化风险管理体系，加强对重点领域的风险防范，对潜在风险做到早识别、早预警、早暴露、早处置，守牢不发生系统性风险底线。三是提升服务实体经济能力。国有大型金融机构应当聚焦关系国计民生的重大战略、重点领域和薄弱环节，持续扩大金融资源供给，引导优质金融资源配置到上述领域。国有大型金融机构要利用好自身综合化经营优势，统筹用好各类金融资源，为实体经济提供全方位、一体化、高质量综合金融服务，提高金融服务效率。四是与中小金融机构实现错位竞争。国有大型金融机构要在客户范围、区域布局等方面与中小金融机构实施错位发展，避免业务过度下沉对中小金融机构造成的挤压。

第二，引导中小金融机构立足当地开展特色化经营。与大型金融机构相比：一方面，中小金融机构层级少、决策链条短，“软信息”[1]能够在中小金融机构内部有效传递（Berger et al.，2006），从而更好地服务本地市场主体。另一方面，中小金融机构资产规模小、抗风险能力差、综合竞争力较低，是我国金融体系中的薄弱环节。因此，中小金融机构立足当地开展特色化经营既是服务地方经济发展的需要，也是提高中小金融机构自身竞争力、防范金融风险的需要。要严格中小金融机构准入标准和监管要求，引导中小金融机构立足当地开展特色化经营。一是鼓励中小金融机构结合本地金融需求特点开展金融产品和服务创新，形成特色。二是对异地经营进行限制。从积极方面看，金融机构可以通过异地经营分散经营风险，降低本地经济波动带来的冲击（Emmons et al.，2004）、增强市场控制力（Deng et al.，2008）、提升品牌形象等；从消极方面看，异地机构与总部之间的信息不对称更为严重，金融机构通常很难对异地机构进行有效管理，由此增加的代理成本会对金融机构绩效造成损害（Brickley et al.，2003）。从我国情况看，异地经营总体上会对中小金融机构绩效造成一定的损害（李广子，2014）。从这个角度看，对中小金融机构异地经营进行限制是必要的。

第三，强化政策性金融机构职能定位。一是突出政策性职能。引导政策性金融机构回归主责主业，坚持保本微利原则；聚焦政策性业务本身，对商业性业务进行压缩；对政策性业务和商业性业务进行分账管理、分别考核，避免对商业性金融机构造成挤出。二是提高政策性金融机构竞争力。与国有大型金融机构类似，政策性银行由政府持股，也面临所有者缺位问题和运营效率问题（陈森 等，2012）。因此，发挥政策性金融的作用，需要提高政策性金融机构的竞争力，核心是完善政策性金融机构公司治理，采取市场化法治化方式提高政策性资金使用效率。三是加强对重点领域的支持。发挥政策性资金规模大、期限长、成本低等优势，将市场目标与政府目标有机结合，按照市场化原则贯彻落实国家政策，加大对基础设施建设、

[1] 所谓“软信息”是指那些不能被除信息生产者以外的其他任何人直接验证的信息。

科技创新、绿色发展、普惠小微、乡村振兴等重点领域的支持力度（白钦先 等，2000）。四是加强与商业性金融机构的协同。政策性金融的特点使其能够与商业性金融形成互补，弥补市场失灵。因此，要引导政策性金融机构与商业性金融机构建立协同机制，充分发挥政策性资金对商业性资金的引导带动作用，实现优势互补。

第四，发挥保险业经济减震器和社会稳定器的功能。一是加强保险机构对重点领域的支持。过去一段时期，部分保险资金在运用过程中出现投资范围广、偏离主责主业并引发金融风险的情况。从未来情况看，保险业在机构定位上要回归主责主业，避免盲目扩张；围绕科技创新、先进制造、绿色发展、中小微企业等重点领域和薄弱环节，持续加大资源投入和支持保障力度，为支持实体经济发展提供长期稳定的资金和风险保障。二是提高社会管理能力。优化商业模式，创新保险产品和服务，为政府公共安全治理和应急管理提供保险支持；做好风险减量服务，主动介入被保险标的风险管理，协助被保险人降低保险事故发生概率或减少事故损失程度，提高社会抗风险能力，降低社会风险成本。三是加强自身风险防控。引导保险机构坚持长期主义，持续稳健发展，积极培育合规文化，完善全面风险管理体系，守住不发生系统性金融风险底线。

第五，培育一流投资银行和投资机构。培育一流投资银行和投资机构是更好发挥资本市场枢纽功能的内在要求。一是支持头部机构做优做强。支持头部证券公司通过业务创新、集团化经营、并购重组等方式提高竞争力；对标世界一流投资银行和投资机构，形成若干熟悉国际金融市场运行规则、具有世界竞争力的中国投资银行和投资机构品牌，以培育一流投资银行和投资机构助力金融高水平对外开放。二是引导中小证券公司实现特色化发展。中小证券公司要结合股东背景、区域优势等资源禀赋和专业能力做精做细，实现特色化、差异化发展，与头部机构错位发展，打造精品特色投资银行。

第五节

完备有效的金融监管体系

统筹发展和安全，增强忧患意识，做到居安思危，是我们党治国理政的一个重大原则。面对新征程上的各种风险挑战，我们必须将安全置于同发展并重的位置，做好应对更加复杂的困难局面的准备，确保中华民族伟大复兴进程不被迟滞甚至中断。就金融领域而言，统筹金融发展与金融安全，持续加强金融监管，是金融强国建设不可或缺的重要一环。

党的二十大报告指出，加强和完善现代金融监管，强化金融稳定保障体系，依法将各类金融活动全部纳入监管，守住不发生系统性风险底线。所谓现代金融监管，是指符合现代金融体系特点，适应现代金融发展需要的金融监管框架。现代金融体系是指具有高度适应性、竞争力、普惠性，能够充分满足实体经济和人民群众对金融服务需求的金融体系。与之相对应，现代金融监管也应具备以下基本特点：一是高度的适应性。能够顺应本国金融发展、金融结构和金融安全的动态变迁，与时俱进地提升金融监管框架的有效性，使金融监管能力与金融创新格局相适应。二是鲜明的前瞻性。始终对风险保持警惕性、敏锐性，对于人们熟视无睹的“灰犀牛”和极少出现的“黑天鹅”有充分的预判和系统的预案，防患于未然。三是强大的执行力。金融监管体系必须拥有多样化的、强有力的工具箱，在风高浪急的环境中独立作出判断，并娴熟运用各类监管工具防范化解风险。

具体而言，现代金融监管的核心内容包括以下六个方面：一是宏观审慎监管。秉持系统观念和辩证思维，以逆周期调节和防传染为基本要义，优化监管框架，锻造监管工具，防范化解系统性风险，避免全局性金融危机。二是微观审慎监管。以资本金约束为基础，以资本标准、政府监管、市场约束为支柱，从微观视角优化监管，防范风险。三是保护消费者权益。重点是强化金融知识宣传、规范金融机构行为、完善监督管理规则、及时惩处违法违规现象。四是依法打击金融犯罪。重点是加强与执法部门合作，总结金融法院和金融法庭运行经验，进一步推动相关领域改革。五是维护宏观稳定。重点是加强风险源头管控，切实规范金融秩序，防止风险交叉传染、扩散蔓延。六是处置问题机构。重点是阻断风险传染渠道，及时稳定市场预期，建设稳健高效的风险处置体系。

秉持现代金融监管理念，建立完备有效金融监管体系：全面加强金融监管，构建系统性风险防范长效机制，完善相关法律制度、机构安排、技术工具，使得金融监管“长牙带刺”、有棱有角，切实提高金融监管有效性，从而以现代金融监管推动现代金融体系建设，实现防风险和稳发展的动态平衡，促进实体经济与金融协调发展、共生共荣。

金融监管体系建设的方法论：第一，把握好权和责的关系，做到权责一致。健全权责一致的风险处置责任机制。金融监管部门和行业主管部门要明确责任，金融管理部门和宏观调控部门、行业主管部门、司法机关、纪检监察机关要加强协作配合，各地要落实好属地风险处置和维稳责任。第二，把握好快和稳的关系，实现稳中有进。建立健全应急响应机制，持续完善金融风险监测、识别、预警、处置体制机制，在稳定大局的前提下，扎实稳妥化解风险。第三，树立法治思维，实现监管全覆盖。依法将所有金融活动纳入监管，全面强化机构监管、行为监管、功能监管、穿透式监管、持续监管，消除监管空白和盲区。第四，抓住重点，以点带面。持续有效防范化解房地产、地方债务、中小金融机构等重点领域风险，坚决守住不发生系统性金融风险的底线。

在以上方法论的指导下，构建完备有效的金融监管体系，需要加快推进以下任务。

第一，依法将所有金融活动纳入监管，实现金融监管全覆盖。长期以来，非法金融活动游离于金融监管体系之外，积累了大量的金融风险，并对正规金融活动造成冲击。要协同构建全覆盖的金融监管体制机制，全面强化机构监管、行为监管、功能监管、穿透式监管、持续监管，消除监管空白和盲区，严厉打击非法金融活动，确保监管无死角、无盲区、无例外。要坚持金融业务持牌经营规则，既要纠正“有照违章”，也要打击“无照驾驶”。管行业必须管风险，要严密防范一般商事行为异化为非法金融活动、衍生出金融风险；建立健全由国家金融监督管理总局牵头的兜底监管机制。

第二，健全风险早期纠正机制。在宏观经济下行的背景下，现阶段我国在房地产、地方债务、中小金融机构等重点领域的金融风险较为突出。一旦发生金融危机，将会产生巨大的处置成本（Honohan et al.，2003）。要聚焦影响金融稳定的“关键事”、造成重大金融风险的“关键人”、破坏市场秩序的“关键行为”，保持宏观杠杆率总体稳定，稳妥处置房地产市场风险事件，健全大资管领域的统一监管框架，建立健全地方政府债务管理机制，提高对跨市场、跨业态、跨区域金融风险的识别、预警和处置能力。特别是要健全风险早期纠正机制，避免金融风险扩大，降低危机处置成本。要规范金融机构信息披露，增强市场约束；要筑牢产业资本和金融资本“防火墙”，依法规范非金融企业投资金融机构，防止资本在金融领域无序扩张；要积极推进监管大数据平台建设，开发智能化风险分析工具，完善风险早期预警机制，增强风险监测的前瞻性、穿透性、全面性，通过优化监管技术、方法和流程，实现对风险的早识别、早预警、早暴露、早处置，健全具有硬约束的金融风险早期纠正机制。

第三，完善风险处置长效机制。要尽快推出金融稳定法，明确金融风险处置的触发标准、程序机制、资金来源和法律责任。区分常规风险、突发风险和重大风险，按照责任分工落实处置工作机制，合理运用各项处置措施和工具。要健全权责一致的风险处置责任机制，压实金融机构及股东、实际控制人、金融管理部门和地方政府等各方责任，加强监管协同和上下联动，健全具有硬约束的金融风险早期纠正机制，牢牢守住不发生系统性金融风险的底线。

第四，积极参与国际金融监管改革。要充分利用各种资源和平台积极参与国际金融监管规则的重塑，加强跨境金融监管合作，推动形成更加完善的国际金融监管体系和更加公正高效的全球金融治理格局。要统筹开放和安全，持续强化金融开放，有效联结国内国际两个市场，完善跨境资本逆周期管理、外债风险管控、外资投资安全审查等方面的制度建设，同时将资本管制作为最后一道“防火墙”，维护国家金融安全。

第五，切实维护好金融消费者的合法权益。推动金融机构将消费者保护纳入公司治理、企业文化和经营战略中统筹谋划。推动健全金融纠纷多元化解机制，畅通投诉受理渠道。加强金融知识宣传教育，引导人们树立长期投资、价值投资、理性投资和风险防范意识。依法保障金融消费者自主选择、公平交易、信息安全等基本权利。

第六，构建金融安全政策体系。要坚持党中央对金融工作的集中统一领导，完善党领导金融工作的体制机制，以总体国家安全观为引领，构建金融安全政策体系，覆盖货币政策独立性、金融基础设施安全、货币安全、数据安全、金融资产安全和金融制裁等重点领域。

第六节

多样化专业性的金融产品和服务体系

建设中国特色现代金融体系，需要构建多样化专业性的金融产品和服务体系，坚持以市场需求为导向，开发金融产品，提供高质量金融服务。特别是要结合科技金融、绿色金融、普惠金融、养老金融、数字金融等重点领域加强产品和服务创新，提高金融产品和服务体系的多样性和专业性，满足投资者对金融资产收益性、流动性和安全性的需求。

第一，科技金融产品和服务创新。一是推动高收益债券市场发展。要将高收益债券市场建设提升至创新驱动发展的国家战略高度，加快市场主体培育，以科技企业、创新型企业、专精特新企业等为核心，逐步增加高收益债券市场供给；加强高收益债券产品创新，发展信用保护工具，提高投资者参与高收益债券市场的积极性。二是完善知识产权融资保障体系。知识产权是科技企业最重要的一种无形资产，发展知识产权融资对于满足科技企业融资需求、推动科技创新具有重要意义。要在国家层面出台知识产权价值评估指引，推动建立知识产权价值评估的权威机构，完善知识产权价值评估体系；开展知识产权运营服务体系建设，提升知识产权交易、质押、处置等运营能力；探索建立知识产权运营平台，畅通知识产权交易和质物处置渠道。三是优化投贷联动模式。投贷联动是指金融机构以信贷投放与股权投资相结合的方式为科技企业提供融资服务，有助于提高对科技企业的金融服务效率（廖岷 等，2016）。应当允许更多符合条件的银行开展投贷联动业务，对于投资科技企业形成的股权资产，在计算资本充足率时适当降低其风险权重，减少对银行资本的消耗，提高银行开展投贷联动业务的积极性。

第二，绿色金融产品和服务创新。一是丰富绿色信贷产品。引导金融机构加大绿色信贷投入力度，扩大绿色信贷规模；促进我国绿色产业名录与国际接轨，完善绿色信贷评估体系。二是发展绿色债券。加大对重点绿色企业和项目的培育力度，通过绿色担保机制对绿色债券提供额外增信，提高绿色债券对投资者的吸引力。三是创新绿色保险产品。借鉴国际经验，研究推动实施强制性环境污染责任险，制定符合我国国情的环境污染责任保险承保名录。四是发展绿色金融交易市场。发展环境权益市场和碳金融市场，创新环境权益定价机制，探索利用市场机制推进节能减排的创新途径；建立国际普遍适用的交易规则，打造具有国际影响力的绿色金融交易市场。

第三，普惠金融产品和服务创新。一是引导各类慈善基金投入普惠金融领域。随着居民财富的增长，大量资金进入慈善领域，各类基金会纷纷成立。慈善资金要求的回报率普遍不高，主要用于公益类项目，与普惠金融领域资金需求特点高度契合。要尽快制定慈善基金支持普惠金融发展的指导意见，引导各类慈善资金投入普惠金融领域，拓展普惠金融资金来源。二是加强金融科技手段的应用。要引导金融机构利用科技手段对普惠金融产品和服务模式、业务流程等进行改造。三是完善农村“两权”抵押贷款配套措施。土地承包经营权和住房财产权是农民最主要的两项财产权利，完善土地承包经营权、住房财产权等“两权”抵押贷款配套措施，对于解决农村金融领域有效抵押物不足问题、释放农村金融需求意义重大。要在国家层面制定“两权”价值评估办法，解决价值评估的公信力和标准化问题；加快发展多种形式的“两权”流转市场，为流转双方提供信息发布、政策咨询等服务；探索由地方财政出资建立农村“两权”抵押贷款风险缓释机制。

第四，养老金融产品和服务创新。一是在养老金金融领域。以养老保险第三支柱[1]发展为契机，围绕第三支柱的养老基金、理财产品等金融产品加大产品创新力度，满足不同老年群体的个性化金融需求。二是在养老服务金融领域。金融机构应

［1］　我国实行的多层次养老保险体系主要包括“三支柱”：第一支柱是基本养老保险，第二支柱包括企业年金和职业年金，第三支柱包括个人储蓄型养老保险和商业养老保险。

加强不同类型养老服务场景建设，从各类客户全生命周期养老服务需求出发，围绕资产管理、融资、支付、咨询顾问、消费等领域加强产品和服务创新。三是在养老产业金融领域。结合养老产业的金融需求特点，加强在养老社区、养老机构建设改造贷款等方面的产品创新。四是在金融服务中体现对老年群体的人文关怀。引导金融机构对金融产品和服务进行适老化改造和创新，改善老年群体金融服务体验。

第五，数字金融产品和服务创新。一是利用数字技术对金融产品和服务进行改造。要利用大数据、区块链、人工智能等数字技术对金融产品和服务模式进行改造，提高金融产品和服务的个性化和定制化水平；结合机构实际情况，推动金融机构实施数字化转型，提高金融机构运营效率；以技术手段改造风险管理流程，提高风险管理能力。二是发展数字人民币。以数字人民币为抓手，完善金融领域基础设施建设。推动数字人民币在普惠金融领域的应用，引导农民、小微企业主等普惠群体开立数字人民币账户，缩小与其他群体在物理网点等金融基础设施方面的差距。同时，把数字人民币融入更多金融业务场景，降低金融服务的交易成本和时间成本。三是以金融手段促进数字经济发展。数字金融是与数字经济相匹配的一种金融形态，二者相互赋能。要结合数字经济的金融需求特点，加大对数字基础设施建设等领域的金融资源投入，为企业数字化转型提供金融支持。四是防止数字金融的潜在阴暗面。数字金融在提高金融服务效率的同时，也会产生潜在阴暗面。例如，将大量低收入群体变成债务人、掠夺性信贷、数字鸿沟等；此外，数字技术的应用也给金融发展的自主性和金融安全带来挑战。因此，在数字金融发展过程中，要不断加强对消费者的金融教育，提高消费者的金融素养；同时，进一步加强金融监管，更好地保护消费者权益，维护金融安全。

第七节

自主可控安全高效的金融基础设施体系

早在2019年9月，习近平总书记在中央全面深化改革委员会第十次会议上就明确提出，我国应推动形成布局合理、治理有效、先进可靠、富有弹性的金融基础设施体系[1]。2024年1月，习近平总书记在省部级主要领导干部推动金融高质量发展专题研讨班开班式上又强调，要建立健全自主可控安全高效的金融基础设施体系[2]，并将其作为中国特色现代金融体系的重要组成部分。金融基础设施对于金融强国建设的重要性由此可见一斑。

所谓金融基础设施，是为各类金融活动提供基础性公共服务的系统及制度安排的总称。国际清算银行支付与结算委员会和国际证监会组织于2012年联合发布的《金融市场基础设施原则》指出，金融基础设施主要是指包含系统运行机构在内的参与机构之间的多边系统，用以清算、结算或记录支付、证券、衍生品或其他金融交易。这份权威文件还将金融基础设施划分为重要支付系统、证券结算系统、中央证券存管机构、中央对手方和交易数据库五类。

重要支付系统是指两个及以上参与者之间进行资金转账的工具、程序与规则，是保障金融市场稳定运行的核心设施。证券结算系统的功能是在证券交易完成后，核算买卖双方应收应付的证券和价款，完成证券与资金的转移。中央证券存管机构的作用是实现托管与集中存管分离，提高结算效率，降低交收风险。中央对手方是指在证券交割过程中，以原始市场参与人的法定对手方身份，作为原买方的卖方或原卖方的买方，介入证券交易结算，以保证市场交易的进行。交易数据库的主要功

[1] 加强改革系统集成协同高效 推动各方面制度更加成熟更加定型[N].人民日报，2019-09-10（1）.

[2] 坚定不移走中国特色金融发展之路 推动我国金融高质量发展[N].人民日报，2024-01-17（1）.

能在于集中管理信息，降低监管与信息披露成本。

金融基础设施承载各类金融资源和活动，联通各类金融市场、金融机构和金融产品。它既是金融市场稳健高效运行的基础性保障，也是维护金融稳定与安全的重要抓手，在服务实体经济、优化资源配置与管理防范风险等方面具有不可替代的基础性作用。先进且高效稳定的金融基础设施是一国国际金融地位的重要表现，强大的金融基础设施体系能够提高一个国家在国际金融体系中的定价权与话语权。因此，建设金融强国，需要一个布局合理、治理有效、先进可靠、富有弹性的金融基础设施体系，从而确保金融体系有效应对外部风险冲击，在不利局面乃至极端情况下，仍可保障金融体系正常运转。

经过长期建设，我国逐步形成为货币、证券、基金、期货、外汇等金融市场交易活动提供支持的运行安全、监管规范、服务高效的金融基础设施体系，这一体系功能比较齐全，运行整体稳健，制度较为健全。但也要看到，我国金融基础设施建设缺乏明确、完备、清晰、可执行的法律基础与行业规范，数字化金融基础设施尚未完全实现自主研发，各金融子市场的金融基础设施建设处于割裂状态，这些短板和弱项制约着金融血脉的畅通和金融服务实体经济能力的提升。

更重要的是，不稳定不确定的外部环境使得我国金融基础设施存在支付清算隔绝、数据系统失能等潜在风险。首先，我国的支付清算系统在服务器、信息通道乃至关键技术等诸多方面都受到外部条件制约，一旦支付清算功能受限，金融体系的整体功能势必受损。其次，世界各国正围绕数据的存储和跨境流通的治理规则展开激烈博弈，数据治理规则体系建设对于维护国家金融安全的重要性进一步凸显。

面对新形势新挑战，有效防范化解金融基础设施领域重大风险，确保金融基础设施体系自主可控安全高效，是金融强国建设的重要任务。

自主可控安全高效的金融基础设施体系，应体现以下显著特征[1]。

一是自主性。金融基础设施体系的自主性是指在金融基础设施的设计、运行、

[1] 王立勇. 建立健全自主可控安全高效的金融基础设施体系[N]. 光明日报，2024-01-30（11）.

维护及相关制度制定方面应具有独立性。这就要求国家不断提升自主研发和创新能力，掌握核心技术和关键资源，确保金融基础设施的安全、稳定和可靠。

二是可控性。金融基础设施体系的可控性是指中央和地方政府对金融基础设施各主体和要素具有管理和主导的能力，在任何时候都能保障金融的良性运转和基本安全。金融基础设施体系的建设和运营完全由本国掌握，不受外部势力的控制和干预。

三是安全性。金融基础设施体系是金融体系运行的硬件设施和制度安排，具有跨机构、跨市场、跨地域、跨国界等特征，只有具有高度安全性、稳定性和可靠性的金融基础设施体系，才能有效抵御各种风险和挑战，保障金融体系正常运行。

四是高效性。建立高效运转、畅通互联的金融基础设施体系，能够形成充分的市场流动性，为全社会资金流动提供强大支撑，有效满足金融市场的发展需求，推动形成统一包容开放的金融市场，提高金融服务的质量和效率，进而充分发挥金融的资源配置功能。

在迈向金融强国的道路上，中国迫切需要提升金融市场基础设施的服务效率，改变部分市场与体制低效运行的现象；建立金融市场基础设施建设与货币金融政策的密切关系，使金融市场有效服务于货币金融政策运行，获得统一、高效的技术与信息支撑；建设具有稳健性、安全性、规范性的金融基础设施，进一步完善人民币跨境支付系统（CIPS），以有效应对市场开放条件下的国际金融风险冲击。具体来说，需着力推进以下四个方面的工作。

第一，为了提高自主性，要增强金融基础设施在设计、运行、维护和相关制度制定方面的独立性，提高自主研发和创新能力，加快推进国产自主可控替代计划，深入推进金融基础设施架构转型，解决关键金融基础设施“卡脖子”问题，确保核心技术和关键资源自主可控。对于涉及国家金融安全、外溢性强的金融基础设施，保持国家绝对控制力。

第二，为了提高可控性，要推动金融基础设施跨境监管立法工作，健全金融基础设施监管规则和对金融基础设施跨境行为的监管细则等，把握国际金融监管主导权，防范外部风险。要大力推进人民币跨境支付系统（CIPS）建设，完善极端情况下重要资源的支付清算备份系统，完善人民币跨境投融资、交易结算等制度和基础设施安排，扩大CIPS的国际应用范围，加快CIPS与其他国际结算系统在标准、规则上的对接。构建与国际接轨的信用评级、税收、会计、审计等金融基础设施体系，建立专业化、国际化的信息披露制度。

第三，为了提高安全性，要提升系统重要性金融基础设施的抗风险能力，加强关键金融基础设施保护，强化对参与者数量多、市场占有率高、业务关联性大及运营失败会对金融体系产生重大影响的金融基础设施的安全性审查与评估，强化系统重要性金融基础设施关键业务岗位管理、技术规范、系统故障应急处理机制和灾难备份机制，进一步增强金融基础设施体系的韧性。

第四，为了提高效率，要加强顶层设计，优化金融基础设施布局，增强各类金融基础设施的整体性，促进金融基础设施有序互联互通，增强登记、清算、交易、支付、征信等各类基础设施的协同性。同时，要加快推进金融基础设施数字化和智能化转型，在支付结算、登记托管、征信评级、数据库建设等领域推广数字技术的应用，以高质量金融“新基建”更好地适应金融业发展新要求，打造具有国际竞争力的金融基础设施。

Chapter 7

第七章

金融强国的主攻方向

2023年中央金融工作会议首次提出，要做好科技金融、绿色金融、普惠金融、养老金融、数字金融五篇大文章。党的二十届三中全会进一步将“积极发展科技金融、绿色金融、普惠金融、养老金融、数字金融”作为深化金融体制改革的重大任务，致力健全金融服务实体经济的激励约束机制。做好金融五篇大文章，体现了金融强国的根本宗旨，即加强对重大战略、重点领域、薄弱环节的优质金融服务，提升金融服务实体经济能力，以强大的金融有力支撑中国式现代化的顺利推进。

第一节

做好五篇大文章是金融强国建设的必然要求

为实体经济服务是金融立业之本。中央金融工作会议将加快建设金融强国确立为当前和今后一个时期我国金融工作的战略目标，说到底是因为金融对经济高质量发展的关键支撑作用日益凸显，金融系统必须胸怀“国之大者”，强化使命担当，以金融高质量发展助力强国建设、民族复兴伟业。

金融要服务好实体经济，做好五篇大文章是关键。

第一，中国式现代化要靠科技现代化作支撑。为了实现高水平科技自立自强，必须健全科技金融体系，加强对新科技、新赛道、新市场的金融支持，引导金融机构根据不同发展阶段的科技型企业的不同需求，进一步优化产品和服务，促进“科技—产业—金融”良性循环。

第二，推动经济社会发展绿色化、低碳化是实现高质量发展的关键环节。践行绿色发展理念、实现“双碳”目标需要大量资金，离不开绿色金融的保障和支持。发展绿色金融，需要加快完善绿色金融体系，不断提升服务绿色产业发展能力，积极发展碳金融。

第三，发展普惠金融是践行共享发展理念和推进共同富裕的题中之义。要积极满足民营中小微企业的合理金融需求，加大对乡村振兴重点帮扶县的信贷投放和保险保障力度，提高金融服务的覆盖率、可得性和满意度。

第四，发展养老金融是积极应对人口老龄化国家战略的题中之义。在人口老龄化背景下实现老有所依、老有所养，需要包括养老金融在内的多元化资金供给机制的有力支撑。应鼓励金融机构开发符合老年人特点的养老金融产品，拓宽金融支持养老服务渠道。

第五，当今世界，数字技术和数据要素的重要性日益凸显。用好数据要素、发展数字金融、推动金融机构加快数字化转型、提高数字金融治理水平是提升金融服务供给质效的根本途径。

金融五篇大文章不是互不相干的五个方面，而是内在逻辑的统一整体，五个方面协同发力，共同构成金融服务实体经济的关键领域和重点环节。科技金融、数字金融、绿色金融都是推进新质生产力发展的重要方向，本身就代表着新质生产力。养老金融与普惠金融是应对人口老龄化与促进共同富裕的重要战略选择，是坚持以人民为中心的发展观的重要体现。更进一步看，科技金融是五篇大文章的重中之重。中国式现代化的关键在于科技现代化，金融强国的金融体系必须有力支撑科技现代化。没有这一条，金融强国就无从谈起。数字金融则是金融拥抱数字化技术浪潮和数字技术推动金融革命的根本体现。需要特别指出的是，数字技术作为一种通用目的技术（GPT），实现了对五篇大文章的全覆盖，做好其中任何一篇大文章，都离不开数字技术的助力。

第二节

科技金融

科技是国之利器，科技创新是经济发展的根本动力，中国式现代化要靠科技现代化作支撑。发展科技金融，是加快实现高水平科技自立自强、保障国家安全的现实需要，也是建设金融强国的必然要求。金融是科技创新的重要支撑，加快发展新质生产力，推动实现高水平科技自立自强，要求我们加快形成同新质生产力相适应的生产关系，构建同科技创新相适应的科技金融体制。在新的时代条件下发展科技金融，实质就是要聚焦科技创新各环节的金融服务需求，为科技型企业提供全链条、全生命周期的金融服务，以高水平的金融服务促进创新链与资金链的协同协调，推动实现“科技—产业—金融”良性循环。

一、发展科技金融的重大意义

当前，我国经济已由高速增长阶段转向高质量发展阶段，实现质量变革、效率变革、动力变革迫切需要更多高质量的科技创新供给。

众所周知，创新是一个昂贵的经济过程，必须付出足够的资金来启动创新进程、引导资源配置和应对各种风险。此外，创新绝非一朝一夕的事情，从研发投入到获得利润需要较长的时间，在这一过程中，需要持续占用大量资金。创新所需资金量如此巨大，以至于企业家的自有资金无法完全满足创新活动的需求，需要外部投资者的介入。此外，创新具有外溢效应，创新的过程充满风险，创新的结果是不确定的。这三重特性使得资金供给者的创新投资回报无法得到保证，导致外部投资者的创新资金供给往往低于最优水平，无法有效满足创新主体的资金需求。

面对以上困局，唯有建设具有高度适应性的科技金融体系，在创新资金的供给者与需求者之间建立顺畅的沟通机制、公平的风险分担机制和可信赖的信用体系，才能有效动员和配置金融资源为创新发展服务，创新发展进程也才能持续推进。因此，作为现代经济的血脉，金融在科技创新资源配置方面的功能突出。

所谓科技金融，是用于促进科技研发、成果转化、高新技术企业创立和高新技术产业发展的各类金融工具、产品、制度和政策的总称，是由为创新活动提供金融资源的政府、企业、市场、社会中介机构等主体及其开展的支持创新的金融活动共同构成的一个有机系统。科技金融既是国家创新体系的重要组成部分，也是金融服务实体经济的枢纽和桥梁。科技金融的桥梁作用突出表现为，以金融资源的优化配置带动科技创新和产业创新的深度融合，推动形成资金链、技术链和产业链的良性互动。

二、科技金融的理论机制

科技研发、产业发展和金融服务是三类特性不同、目标各异的经济社会活动。具体来说，科技研发是由科学家和工程师实施的科学研究和技术开发活动，旨在探索未知世界，拓展人类知识边界，并为人们改造世界提供技术手段。产业发展是由经济体系中的企业家推动实施各种新技术组合，并使之不断扩散的商业化活动，旨在满足市场需求，并借此实现企业利润最大化。金融服务是由金融企业家组织、资金供求双方参与的信用创造和资金配置活动，旨在以“物随钱走”的机制引导实体经济中的要素资源优化配置，并在此基础上实现金融资本收益最大化。

在国民经济循环体系中，科技研发、产业发展和金融服务三类活动是相互依存、相互支撑的。对于一国经济的创新发展进程而言，科学研究和技术开发提供的新思想、新知识和新工具是源头活水，产业创新带来的创造性破坏过程是主要路径，金融服务提供的资金和信用是不可或缺的重要支撑。三者环环相扣，交互作用。反过来看，倘若三者中的任何一方出现瓶颈制约或堵点断点，都可能会打断创新发展进程，从而影响国民经济的畅通循环，不利于经济实现质的有效提升和量的合理增长。

科技金融发展的最终目标，就是推动实现“科技—产业—金融”良性循环。科技金融的基本内涵至少包括两个方面。

第一，从科技与产业的关系看，良性循环意味着从科技到市场再到产业化的创新过程畅通无阻。

科技研发活动产生的新技术、新发明、新工具首先必须经由企业家的创新活动被引入经济生活当中，以跨越第一个“死亡之谷”，实现从科技到市场的变革。

在创新活动初步成功之后，创新成果还要在新的特定环境中被吸收和传播，企业家需要实施一系列变革和重构，催生技术、组织、制度等不同层面的流程创新，从而改进产品或服务的供给方式，以适应形形色色的市场环境和客户需求。这便是跨越第二个“死亡之谷”，实现从市场到产业化的创新扩散过程。

归结起来看，创新发展的完整流程可概括为“发明—创新—创新的扩散”（弗里曼，1996）。必须完整经历以上三个环节，成功完成两次跨越“死亡之谷”的惊险跳跃，才能实现从科技到市场再到产业化的飞跃，形成科技创新与产业创新有机融合的格局。

第二，从金融对科技与产业的支撑角度看，良性循环意味着金融体系富有韧性和活力，从而能够有效动员和配置金融资源来为创新发展服务，确保从科技到产业的转化过程畅通无阻。

熊彼特在《经济发展理论》等经典著作中曾着重强调，金融系统的购买力创造活动及其导致的信用扩张，是企业家推动资源重组和实现经济发展的核心机制（Schumpeter，1934）。进入21世纪以来，有新熊彼特经济学研究者（Hanusch et al.，2007）进一步把在发展进程中承担风险的金融企业家视为仅次于实体部门企业家的第二股重要力量。这就表明，金融体系是为企业家创新活动服务的。从科技到市场再到产业化的每一个环节，都需要充裕的资金支持。而各个环节的特性差异又对金融服务提出不同的要求。推动“科技—产业—金融”良性循环，就必须使金融资本的动员和配置活动更好地与企业创新活动各个环节的周期性特征和技术特性相匹配，从而推动科技进步更好地转化为产业发展和经济增长（董昀，2023b）。

在从科技到市场再到产业的各个不同环节，越是处于前期阶段，距离创新目标越远，失败的可能性越大，风险也越高。

在基础研究和开发阶段，技术发明还处于萌芽期，技术应用落地的前景还很不确定，风险极高，很难从银行体系和资本市场中获得资金，也不易获得风险投资。在这种情况下，企业所有者的资本投入等内部融资，以及获取政府、私人基金会等机构的扶持资金是主要的融资渠道。

在创新的早期（利用技术发明初次进入市场），技术发明成果开始商品化，陆续有产品进入市场，企业开始盈利，但尚未达到一定的经济规模，市场有待进一步拓展。在这种情况下，需要投资者在短期内对创新失败风险有较高的容忍度，并且对长期内的创新成果有足够高的回报期望。在这一阶段，风险投资是比较重要的融资渠道，风险投资者通常会分期注入资本，获得相应的股份或期权。Akcigit et al.（2016）的实证研究表明，有风险资本支持的企业在专利、就业等方面的绩效明显高于没有风险资本支持的类似企业，这表明风险投资具有选择具备创新潜力的企业和技术的眼光，同时也具有指导企业家将技术发明商业化的能力。

在创新进入扩展期（已在市场上初步站稳脚跟，获得声誉）之后，技术上的规模经济开始形成，企业逐步实现市场占有率目标，风险资本随之渐次退出。企业开始进入资本市场，尤其是为中小型创新企业服务的、制度健全的IPO（首次公开募股）市场融资。资本市场在支持技术创新成果转化方面的优势在于，资金需求方（从事创新活动的企业家）与资金供给方（投资者）能够在市场中直接交流和沟通，允许每个人表达自己的意见，允许投资者犯错误，因而能较好地处理不确定性和非标准化信息，为创新过程提供大规模资金支持。

在创新的扩散阶段，技术创新产业化加速推进，逐步实现市场占有率目标，企业的资金需求量也越来越大。同时，企业的治理机制和管理制度不断规范，并已积累大量有形资产尤其是固定资产，且现金流相对稳定，从而为更多地获得金融机构的资金支持提供了前提条件。从金融机构角度看，进入这一阶段后，企业的技术路线比较明确，企业家面对的不确定性较小，信息变动也不大。此时，银行等金融机构可以发挥其比较优势，有效处理标准化信息，并依据这些信息向企业配置金融资源，获取规模收益递增的效益。

三、我国科技金融发展的成就与不足

经过长期建设，我国科技金融体系已初具规模，金融支持科技创新的力度、广度、精度均有明显提升，直接融资占比不断提高。首先，银行对科技企业的贷款保持较快增长。截至2024年5月，我国高新技术企业、专精特新企业、科技型中小企业贷款余额同比都有两位数以上的增长。其次，多层次资本市场对科技创新的支撑力不断增强。在IPO企业数量方面，我国上市公司中专精特新企业比例进一步提升。截至2024年7月，专精特新“小巨人”上市企业数量已达947家，其中主板199家、科创板279家、创业板350家、北交所119家。

我国科技金融发展的突出成就还表现为成功探索出具有中国特色的科技金融发展模式。其中，合肥模式和深圳模式是主要代表。合肥模式以政府科技金融为主导，通过设立引导基金“以投带引”，撬动社会资本共同投资，实现了战新产业蓬勃发展和国有资本保值增值双赢。从京东方到维信诺、长鑫存储、欧菲光等，合肥一直遵循“不谋求控股权，产业向好发展后及时退出，再投入下一个项目”的路径，促进了科技金融—科技创新—经济增长的良性循环。而深圳模式更强调政府投资基金的市场化运作。具体来说，一是适度放松“管控之手”，二是大力加强“扶助之手”“纾困之手”。一方面，深圳通过合伙协议明确主管部门、引导基金和GP的权责边界，不越位干预，并通过公开GP遴选机制、建立绩效评价机制等方式，不断提升子基金管理水平；另一方面，深圳注重把握投资时机，成立纾困基金，在大型企业陷入流动性危机或经营低谷的关键节点介入，顺势导入产业项目，以达到“雨天送伞”的效果。这两种模式，前者贵在“主动出击”，后者更加看重“可持续性”，二者都是中国特色科技金融发展模式的新探索，各有千秋（且有融合的趋势）。

在充分肯定成绩、树立自信的同时，我们也要清醒地看到，资金配置不均衡、金融服务供给与创新主体金融服务需求不匹配等突出问题仍制约着我国的科技创新。这些问题突出表现为以下四个方面。

第一，银行的经营模式难以适应创新发展需要。为了解决信息不对称问题和控制风险，从而控制不良贷款率，银行往往采取要求企业家提供抵押物的简单做法。创新型企业常常具有轻资产、少担保、缺乏抵押品的特性，专利等无形资产的价值也难以准确评估，而创新资金需求又具有急迫、频次高、数额小等特点，这就使得银行的服务成本增加、盈利空间收窄。加上创新型中小企业的财务制度、内控制度不健全，信息不对称问题往往更为严重，风险进一步增加，使得企业比较难获得银行的信贷支持。

第二，资本市场发育程度不足，未能发挥在金融支持创新发展中的枢纽作用。我国的股票发行和退市机制尚不完善，上市公司的信息披露、中小股东保护、数据质量等问题较为突出，机构投资者的稳健性和多样性不足，债券市场的包容性、风险容忍度尚需进一步提升。如何从企业成长性出发，满足部分成立时间短、研发投入高导致不确定性高或具有核心技术、行业领先、有良好发展前景和口碑的企业的资金需求，将是我国资本市场需要长期面对和解决的问题。

第三，风险投资机构的实力不足，对创新的支撑能力有限。风险投资主要通过并购和上市追求投资回报最大化，这是美国等发达经济体创新发展的重要支撑力量（达舍 等，2017）。目前，我国风险投资机构的资本金规模小、资金来源有限、风险分散能力不足。资金实力雄厚的各类大型金融机构受到法律和制度的限制，难以进入风险投资市场。同时，IPO市场发育迟缓，导致风险投资退出难问题普遍存在，也对风险资本供给产生了抑制作用。

第四，金融自我循环不断强化，金融与科技、产业等实体经济要素的联系趋于弱化。在经济面临三重压力（需求收缩、供给冲击、预期转弱）、GDP增长速度下降的背景下，金融体系的融资功能失去目标和依托。经济形势的波动可能导致资产的兑付风险增加，从而导致资金在金融体系中空转，出现脱实向虚和体内循环的倾向。新增债务被用于对存量资产的交易、经营贷违规进入房地产市场，以及票据融资与结构性存款利率倒挂等现象，就是这种体内循环的具体表现。同时，受信用体系、监管制度、营商环境等多重因素影响，在科技成果产业化过程中，金融服务与企业创新周期脱节。从科学研究到创新阶段，财政资金发挥主导作用，金融服务缺位；在创新的扩散阶段，由于产融结合制度不完善，产业资本再投资缺位。

四、我国科技金融发展的方向与任务

党的二十届三中全会指出，要“构建同科技创新相适应的科技金融体制，加强对国家重大科技任务和科技型中小企业的金融支持，完善长期资本投早、投小、投长期、投硬科技的支持政策”。当前和今后一个时期，发展科技金融的关键是把握创新活动特性，提高融资效率，解决好资金配置“苦乐不均”、金融资本趋利避害、耐心资本供给不足等问题，重点是建设多元化融资体系，发挥好各类资金对科技创新的支持作用。具体来说，做好科技金融大文章的主攻方向是：优化金融供给，创新体制机制，营造金融生态。

（一）优化金融供给

一是提供良好的货币环境。当前，我国经济已由高速增长阶段转向高质量发展阶段，实现质量变革、效率变革、动力变革迫切需要更多高质量的科技创新供给。作为现代经济的血脉，金融在实现资源配置方面功能突出。发展科技金融，就是要着力解决创新融资高风险、融资需求多样性的问题，把更多的生产资源从旧有的生产方式中提取出来，配置到新科技、新赛道、新市场中，加快培育新动能、新优势。

二是建设多层次科技金融体系。加快设立银行业科技金融专营机构，鼓励商业银行设立专业性、独立性更强的科技子行。持续推进创业板、科创板、新三板和区域性股权市场等多层次资本市场的制度创新，支持天使投资基金、创业投资基金发展壮大，培育一流投资银行和投资机构。注重发挥社保基金、保险资金、年金基金等长期资金优势，拓宽金融支持科技创新的资金来源。

三是提供多元化接力式金融服务。不同发展阶段的科技企业，其融资需求各有不同。这就要求科技金融体系能够提供覆盖科技企业全生命周期的金融服务，为科技企业持续输送养分。对于种子期和初创期的科技企业而言，其规模小、资产轻、估值难而资金渴求度高，追求高风险、高收益的天使投资基金、创业投资基金可以较好地匹配其融资需求；对于成长期的科技企业而言，其商业模式初步形成且已具备一定的盈利能力，商业银行可为其提供包括专利权融资、商标权质押融资、订单融资等在内的灵活多样的科技信贷服务；对于营收稳定并已建立完善的信息披露制度的成熟期科技企业，创业板、科创板、新三板等资本市场融资平台可帮助其获得更多的融资机会、实现更高的企业价值。

（二）创新体制机制

一是构建科技、产业、金融协同配合的政策体系。要加强党对经济工作的集中统一领导，充分运用中央财经委员会、中央科技委员会和中央金融委员会等党中央决策议事和协调机制，建立健全科技创新、产业发展、金融服务相互支撑的一体化政策框架和政策体系。特别是要强化建立健全科技创新、产业发展、金融服务的一体化政策体系，加强部门沟通协调，打通政策链，形成政策落地合力。要遵循科技创新和金融创新的客观规律，围绕产业链部署创新链，围绕创新链布局产业链，围绕创新链完善资金链，进一步完善以市场为导向、以企业为主体、政产学研金深度融合的创新体系。

二是创新信贷市场的风险缓释机制。传统信贷基于现金流、抵押品的风控机制对于创新融资活动并不适用。国际经验表明，商业银行与创投机构的业务联动，可在一定程度上降低科技信贷活动的风险。例如，在信贷资金的投放环节，商业银行可向创投基金提供风险贷款，再以创投机构进行风险投资的形式间接为科技企业提供信贷支持，这样既可以借助创投机构的专业能力来甄别科技企业，又可以在一定程度上实现信贷资金的风险隔离；而在信贷资金的回收环节，商业银行可将科技企业后期所募集的风险资本即企业融资性现金流，而非企业经营性现金流作为主要还款来源。

三是畅通资本市场的流通机制。市场转板机制作为联系各市场板块的纽带，不仅可以为满足科技企业不同阶段的融资需求提供通道，更重要的是，科技企业对于转板升级的追求，也在很大程度上激励其深化创新发展。与成熟的资本市场相比，我国现行的转板机制不够流畅，科技企业通过升板进入更高市场融资的需求受到一定程度的抑制。未来，可进一步完善转板机制设计，构建从场外到场内、从二板到主板、从创业板到科创板，乃至不同交易所之间的转板机制，提高资本市场的资源配置功能和市场活跃程度。

四是优化政府引导基金的考核机制。在国有资产保值增值的政策导向下，部分引导基金要求不能出现亏损，由此导致的结果是，政府引导基金的投资决策比社会资本更为保守，为规避损失而出现的资金沉淀现象普遍存在，这种做法和现象严重背离了引导基金设立的初衷。对于政府引导基金的考核，宜采用“长周期”“算总账”的考核办法，在关注经济绩效的同时，更要侧重政策绩效，切实“引导”引导基金回归初心本源。

（三）营造金融生态

一是完善科技金融中介服务体系。科技企业的创新活动专业性强、可比照性弱，金融机构普遍缺少衡量科技企业价值的锚点。为此，需加快建立健全知识产权的评估和交易市场，充分发挥科技市场、产权市场的创新服务功能，帮助金融机构以较低的成本获得科技成果的公允价值，促进科技企业核心“知产”的资本转化与价值实现。

二是建立健全风险分担机制。科技创新是代价昂贵的试错活动，市场化金融机构对创新融资普遍持有风险回避的态度。要按照党的二十届三中全会的部署，健全重大技术攻关风险分散机制，建立科技保险政策体系，完善保险资金支持科技创新的体制机制，推动建立中央与地方风险共担、担保与保险有机结合的信用保证体系，设立科技金融风险补偿资金池，完善和发展再担保体系，有效发挥政府性融资担保体系的增信、分险和引领功能，着力解决市场的风险回避问题。

三是增强科技金融服务整体合力。商业银行、资本市场、创投基金等在支持科技创新方面各有所长，但亦各有短板。举例来说，商业银行资金体量大，但其对稳健经营的追求与科技创新的高风险特征相矛盾；创投基金具有技术和管理专长，但其资金体量有限，难以为科技创新提供充足的、跨阶段的和持续性的资金支持。从这个角度来说，深化科技创新的金融支持，需强化政策性金融对商业性金融的补充，优化权益类投资与债务性融资的组合，加强保险保障与资金融通的配合，通过业务融合、产品联动和工具创新等形式，增强科技金融的整体服务合力。

四是实行包容性监管。金融功能的发挥是在波动中实现的，强化科技创新的金融风险防范，并不意味着对风险“零容忍”。正如价格机制的作用是价格围绕价值波动一样，“科技—产业—金融”循环中也难免出现阻滞、波动。因此，对于金融监管部门而言，要充分考虑科技金融的发展规律，提高监管的包容性。

五是积极培育耐心资本。要从补齐税收优惠、人才保障、准入限制、退出机制等方面的短板入手，优化我国风险投资发展环境，为风投资金供求双方搭建沟通平台，实现风投机构规模壮大、资金来源多元化、风险管理能力提升的目标，为初创企业和新的技术发明成果商业化提供有力支撑。

第三节
绿色金融

高质量发展是全面建设社会主义现代化国家的首要任务，绿色金融是实现高质量发展的着力点。自“十三五”规划以来，绿色发展已经成为我国经济社会发展的基本理念；党的二十大报告明确提出，推动经济社会发展绿色化、低碳化是实现高质量发展的关键环节；中央金融工作会议进一步强调，要做好绿色金融这篇大文章；习近平总书记在主持二十届中共中央政治局第十一次集体学习时指出：“绿色发展是高质量发展的底色，新质生产力本身就是绿色生产力。必须加快发展方式绿色转型，助力碳达峰碳中和。”[1]作为现代经济的血脉，金融是推动绿色发展的重要基础。以支持低碳、环保、绿色发展的绿色金融为重要抓手，积极将金融资源投入新产业、新模式、新动能，助力全社会科技创新、绿色发展与产业升级，既可推动新质生产力跑出“加速度”，也是力争做好金融五篇大文章、推动经济高质量发展的重要举措。

一、绿色金融的界定与发展原则

绿色金融是指为支持环境改善、应对气候变化和资源节约高效利用等经济活动提供的金融服务。理解绿色金融的概念要把握两个方面：一方面，绿色是绿色金融开展的目的，金融要支持有环境效益的项目，起到促进环保、产业低碳转型和经济社会可持续发展的作用。另一方面，要认识到金融是手段。作为配置资金的重要经

[1]　中共中央政治局召开会议　审议《中央政治局常委会听取和研究全国人大常委会、国务院、全国政协、最高人民法院、最高人民检察院党组工作汇报和中央书记处工作报告的综合情况报告》《关于在全党深入开展学习贯彻习近平新时代中国特色社会主义思想主题教育总结报告》《关于巩固拓展学习贯彻习近平新时代中国特色社会主义思想主题教育成果的意见》《中国共产党巡视工作条例》　中共中央总书记习近平主持会议[N].人民日报，2024-02-01（1）.

济活动，金融可以畅通资金的流动循环，优化资金的均衡配置。在绿色与金融的协同耦合中，金融起到推动绿色发展与产业低碳转型的关键作用。所以，绿色金融既是应对环境问题与促进经济社会可持续发展的重要工具，也代表了金融领域从传统模式向绿色化转型的发展轨迹。

自20世纪70年代开始，西方发达经济体已着手探索传统信贷领域的绿色化路径，逐步促进了绿色金融业务的发展和扩展。2016年，绿色金融首次被纳入G20峰会议题，标志着其在全球经济治理中的重要角色。考虑到不同国家绿色金融发展的差异性，科学而精准地把握中国绿色金融发展的原则，对于有效推动绿色金融发展并实现可持续发展目标具有重要意义。

（一）坚持政府引导与市场主导相结合的中国特色道路

从国际经验看，不同国家的绿色金融发展路径不尽相同。发达国家更重视市场化机制，比如依靠机构投资者（如养老基金、保险公司等）行使股东投票权，采取对不符合可持续发展理念的公司不予投资的手段对企业的“绿化”施加影响。发展中国家更多地依靠政府管理和金融监管，引导金融机构越来越多地支持可持续发展[1]。党的二十大报告明确指出：“中国式现代化，是中国共产党领导的社会主义现代化，不仅有各国现代化的共同特征，更有基于自己国情的中国特色。”对于绿色金融来说，既要做到“博采众长”，广泛吸收各国发展绿色金融的成功经验；更要坚持“以我为主”，将有为政府的指导性作用和有效市场的决定性作用结合起来，走出中国特色的绿色金融发展道路。

（二）树立可持续发展和投资回报协调一致的理念

传统的金融活动在投融资项目的选择上往往仅以盈利为准则，忽视资源、环境、生态等因素。绿色金融强调“绿水青山就是金山银山”，绿色项目不仅具有资本回报，而且会带来具有正外部性的社会回报。所以，金融部门要从更广泛的视角

[1] 国务院发展研究中心“绿化中国金融体系”课题组.发展中国绿色金融的逻辑与框架[J].金融论坛，2016，21（2）：17-28.

衡量投资收益，树立可持续发展和投资回报协调一致的理念，把资源、环境因素纳入投资决策，在获取长远商业利益的同时降低社会生态风险。

（三）将健全配套法律法规体系作为绿色金融发展保障

绿色金融是金融领域的新兴分支，其面临的风险特征如环境风险、信息风险（黄卓　等，2022）和政策法规变动风险，与传统金融业务存在显著差异，需要配套的法律法规框架来应对这些特定风险。这个框架应涵盖从环境风险评估准则的制定、绿色金融产品认证体系的建立到绿色金融市场监管机制的强化、环境信息披露体系的完善等多个关键方面。在适配的法律法规体系和稳固的法治环境护航下，绿色金融才能持续发展，确保其金融活动与环境保护目标的一致性。

（四）将发展转型金融作为绿色金融的有效补充

从狭义来看，转型金融是指金融支持高碳产业向低碳产业转变，从而缓解气候变化的矛盾。从广义来看，转型金融则是指对于高污染、高能耗、高碳，以及不可持续的非绿色、棕色乃至黑色领域进行合理金融支持，促使其“转绿”和走向可持续发展。转型金融的目标着重于经济发展的过渡阶段，关键在于帮助高碳部门融入金融体系并实现低碳转型。与传统绿色金融大多支持标准的绿色、低碳经济活动相比，转型金融则服务于特定的“非绿行业”，在灵活性、针对性、适应性、应用广泛性等方面展现出显著优势。所以，发展转型金融既可以有效补充绿色金融无法覆盖的高碳领域，也是与绿色金融形成“双驱”合力推动传统产业低碳转型、加快新质生产力发展的关键举措。

二、中国绿色金融发展的风险与挑战

自党的十八大以来，中国绿色金融的制度框架和政策体系正在稳步完善，以绿色信贷为代表的资金规模显著增加，绿色产品和金融服务创新不断涌现，对环境保护的积极效益逐步显现。然而，面对不断发展演变的经济形势，绿色金融的发展程度相对落后于实体经济的需求。因此，有必要对中国绿色金融当前面临的风险和挑战进行深入分析。

（一）绿色技术的界定、标准化和认证待完善

中国已在制定绿色发展相关标准方面取得一定的进展，但包含能源核算、检测认证、评估和审计等环节在内的关键配套领域标准化体系依然存在不足。这些领域的标准化不足，不仅限制了绿色技术的科学评价和市场准入，也妨碍了第三方机构依据这些标准对绿色技术进行认证，包括对其环境效益的量化评估。同时，现有的绿色产品认证体系尚不成熟，其规范化和完善化水平有待提升。当前认证体系在保障市场中的绿色产品信誉和赢得消费者信任方面存在不足，这不仅给有投资潜力和正当动机的绿色技术企业带来融资困难，也增加了投资者在识别这些企业时所面临的额外成本。

（二）绿色金融发展不均衡、不充分

东部沿海地区得益于较为发达的经济和成熟的金融市场，其绿色金融领域的发展呈现出积极趋势（刘阳 等，2019）；而作为中国重工业和高碳产业集中地的中西部地区，其绿色金融方面的发展却相对滞后。绿色金融发展的这种不均衡主要表现在绿色金融资金的地域流向上，资金主要集中在经济更为发达的地区，而中西部地区，特别是那些迫切需要绿色转型的行业和地区却面临着金融支持不足的问题。

此外，根据国内外机构测算，为在2060年前实现碳中和目标，我国所需的新增投资规模预计将达到138万亿元[1]。与此相比，2023年末我国绿色金融市场的总规模仅略超35万亿元，显示出显著的资金缺口[2]。这表明市场上符合绿色金融标准的优质资产供给与需求之间存在显著失衡，亟须扩张资金规模。

（三）“洗绿”“漂绿”现象严重

绿色技术定义、分类的模糊性和绿色信息披露的激励、约束机制不健全，导致部分企业通过“洗绿”“漂绿”行为获取融资（方桂荣，2020），即虚假宣称其技

[1] 绿金新闻|绿色金融发展B面：资产稀缺、竞争加剧[EB/OL].（2022-08-21）[2024-06-15]. https://iigf.cufe.edu.cn/info/1019/5696.htm.

[2] 绿金新闻丨重磅意见！明确未来十年目标！[EB/OL].（2024-04-16）[2024-06-15]. https://iigf.cufe.edu.cn/info/1019/8636.htm.

术为绿色技术以获得资金支持，而这些技术实际上并未产生预期的环境效益。金融机构与借款主体之间的信息不对称损害了借款主体对绿色金融产品的投资积极性，不仅使一些想真正进行绿色转型的企业难以获得融资，还可能增加金融机构的资产风险、信用风险和期限错配风险，从而影响金融和实体经济的稳定性。

（四）绿色金融监管缺位

中国绿色金融监管体系的不完善主要体现为环保法律体系内部的复杂性与矛盾性、政府部门间职责界定模糊、环境监管的范围和严格性不足[1]。尽管已经制定了一系列与环境保护相关的法律法规、规章和标准，但这些法律文件的设定存在机构职能的重叠和职权的交叉，导致权责划分不明确和监管力度不够，从而影响了环境保护标准的有效执行。同时，环境监管的覆盖范围有限且不够严格，导致违规排放等现象普遍存在。此外，立法层次的不足，比如绿色保险和碳排放权市场的法律依据不够明确，削弱了法律和监管制度的执行效力。

（五）碳市场整体政策框架需拓展、细化

《碳排放权交易管理暂行条例》虽然为中国的碳市场建立了初步的法律框架，但在法律的成熟程度、细节的深度、市场运作的透明度和效率等方面仍需进一步提高。与欧盟的《排放交易计划指令》（ETS）相比，从市场特性来看，中国碳市场倾向于商品市场，参与者通过持有碳配额来履行义务，而欧盟碳市场更偏向于金融市场，以活跃的交易为特点；从市场覆盖面来看，中国碳市场的参与者主要限于发电行业，范围较欧盟碳市场更为狭窄，欧盟碳市场涵盖电力、航空、工业等多个领域；从市场参与多样性来看，中国碳市场比较缺乏金融机构和个人投资者，相比欧盟碳市场活力不足。

[1]　国务院发展研究中心“绿化中国金融体系”课题组．发展中国绿色金融的逻辑与框架[J]．金融论坛，2016，21（2）：17-28.

（六）绿色金融激励机制建设不足

第一，激励政策的执行力缺失。尽管政府已经推出了一系列财政激励措施，比如资金补贴、风险补偿、融资担保、贴息贷款等，但在实际操作层面，这些政策并未得到充分有效的执行。第二，差异化激励机制不足。考虑到涉及绿色金融的主管部门众多，且这些部门在职能和侧重点上存在差异，现有的激励机制并未针对不同类型的金融机构所面临的独特风险和成本进行有效的差异化设计。第三，绿色金融激励机制的可操作性不强。目前，绿色产业和项目的标准主要是基于定性描述，缺乏必要的定量数据支持，这导致政策在实施过程中的不一致性和不公平性，进而影响绿色金融激励政策的有效性。

（七）绿色金融需要支持数字化绿色化协同发展

以大数据、云计算、物联网、人工智能等为代表的数字技术对绿色发展具有两面性：一方面，数字技术能够为绿色生产提供包括数据要素、数据治理、智能化生成管理等在内的支持，以数字化赋能绿色化发展；另一方面，数字技术的发展将引致能源消耗增加。世界银行报告预测，2050年信息和通信技术产业的重要原材料——石墨、锂和钴——的开采量将增加近500%，数字化高速发展无疑带来矿石开采的高能耗[1]。此外，数字技术发展使其用电量和碳排放逐渐增加，以数据中心为例，预计到2030年我国各地区数据中心的二氧化碳排放量将超过2亿吨，成为第一大碳排放源[2]。所以，针对数字化转型过程中的能源风险和环境风险，绿色金融发展需要更加精细准确地把握数字化绿色化“双化”协同的内在联系，以防产生“好心办坏事”和“按下葫芦起了瓢”的结果。

---

[1] World Bank. Climate-smart mining: minerals for climate action[EB/OL]. (2019-05-26)［2024-06-22］. https://www.worldbank.org/en/topic/extractiveindustries/brief/climate-smart-mining-minerals-for-climate-action.

[2] 数字大动脉 未来新底座：数字基础设施评估体系研究报告（2024年）[R].北京：中国信息通信研究院产业与规划研究所. 2024.

三、以促进可持续高质量发展为目标，更好地发展绿色金融

对中国来说，走碳中和的绿色发展道路充满了机遇与挑战。在实现“双碳”目标及推动高质量经济发展的过程中，绿色金融体系起着至关重要的作用。因此，需要不断推进和完善绿色金融体系，做好绿色金融这篇大文章。

（一）完善绿色金融标准体系

第一，继续推进绿色标准的统一，包括使绿色金融产品标准更加清晰和系统化，确立明确的融资标准，降低绿色融资成本，确保资金流向资源节约和高效减排的绿色活动，以填补绿色产业的融资缺口。第二，加快国内标准与国际标准的同步与融合。目前，中国在绿色信贷和绿色债券方面的标准仍与国际标准有所不同，影响了国际投资者的积极性。第三，进一步完善绿色金融的法律法规体系、政策管理体系和技术标准体系。这涵盖了基本的法律法规、业务实施制度、监管制度等，以及高效利用绿色金融交易数据、支付数据、账户数据，推动标准的数字化、标准化和统一化。

（二）建立健全激励机制

可以考虑将绿色债券用作抵押品，以提升其在贷款优先级中的地位。应完善财政和税收支持体系，加大对绿色信贷和绿色债券的税收优惠和信用担保力度。推动设立绿色金融风险补偿基金，并明确补偿比例及条件。调整监管考核标准，包括风险权重、资本充足率和不良贷款率等关键指标。扩大贷款融资的抵押范围，为专注于绿色技术研发的企业提供如知识产权抵押等融资便利，并鼓励金融机构探索基于环境权益的新型融资模式。加速金融科技在绿色金融领域的应用，利用数字技术提升绿色金融项目透明度、风险评估准确性和资金来源追溯性[1]。

[1]　金融科技推动中国绿色金融发展：案例与展望（2023）[R]. 北京：北京绿色金融与可持续发展研究院，保尔森基金会绿色金融中心. 2023-10-26.

（三）提高碳核算和环境信息披露要求

第一，准确和可靠的碳数据是确保碳市场高效运行、科学评估碳政策成效及推动绿色金融发展的关键。因此，需要持续完善碳核算方法，提高碳数据准确性，制定和执行统一的碳核算标准，并加强监管。第二，监管机构应当继续完善强制性的绿色信息披露制度，制定并实施针对上市公司及发债企业的环境和气候信息披露指南，确保这些指南既考虑到不同行业的特点，又能够实现信息的可量化。第三，环境保护部门、相关政府机构、地方政府以及企业应尽快完善数据共享机制。在确保数据隐私安全的同时，应开放必要的数据资源，以便为绿色投资者和市场相关机构提供决策所需的信息和数据支持。

（四）加快建设全国碳排放权交易市场

第一，加快建设碳交易体系指导政策和法规框架，明确排放限额、合规要求和市场监管等方面的规定。同时，考虑到行业间的差异，政府应制定针对不同行业特点的差异化政策。第二，适度推进碳市场的金融化，培育金融中介和第三方机构参与二级碳市场交易，鼓励金融机构和碳资产管理公司参与市场交易和创新产品工具，如碳配额贷款和碳期货等，以满足投资者和企业的多元化需求。第三，政府应通过双边或多边合作协议、联合研究项目等途径主动与全球碳市场对接，这有助于提升中国碳市场的流动性，吸引国际投资者，更协调有效地实现全球碳减排目标。

（五）加强绿色金融监管和完善风险处置机制

第一，解决好气候风险定价过低和透明度不足的问题。应要求金融机构积极收集与气候变化相关的金融数据，并公开气候风险信息；对绿色资产[1]和棕色资产[2]实行区别化管理，开展与气候相关的压力测试。第二，减少金融机构的短期偏见，并改进其治理结构。金融周期通常比经济周期短，金融机构的管理者和从业者往往

[1] 绿色资产是指特定会计主体过去的交易或事项形成的与绿色活动相关的，已经取得或加以控制的、能以货币计量的、预期能带来确定效益的资产。绿色资产主要是在节能环保、清洁生产、清洁能源、生态环境和基础设施绿色升级等绿色产业集聚发展过程中形成的，对生态环境改善有积极作用。

[2] 棕色资产是指特定会计主体在高污染、高碳（高能耗）和高水耗等非资源节约型、非环境友好型经济活动中形成的，能以货币计量，预期能带来确定效益的资产，对生态环境可能产生负面影响。棕色代表土地被工业污染和退化后的颜色。

倾向于选择短期行为，这可能导致逆向选择和道德风险，因此加强公司治理显得尤为重要。第三，应将气候风险和低碳转型纳入宏观审慎政策框架内，使用的工具包括准备金、流动性资本充足率、贷款价值比和信贷增长上限等。

（六）深化推进转型金融建设

第一，持续构建转型金融标准的标准化、统一化。立足产业低碳转型发展需求，强化节能降碳协同推进，持续规范转型金融标准，形成科学明确的支持框架。第二，加强转型信息披露要求。逐步将转型战略、技术路径、不同范围的温室气体排放水平等指标纳入评价体系，以鼓励传统产业主体制定科学可行的转型计划，确保在整体层面实现降碳减排。第三，创新多样化转型金融工具。在以转型债券和可持续发展挂钩债券为主的基础上，推动发展私募股权、风险投资、并购基金、债转股、夹层投资等风险包容性较大的金融产品。第四，重视金融支持公正转型。在完善公正转型相关制度规则与指标体系的过程中，应充分考虑不同地区的转型活动（能源依赖型地区的转型活动）对当地经济发展水平的影响程度等情况，特定性指标可根据行业、地区发展的不同进行差异化定制，以公正、公平、有序地推动践行低碳转型。

（七）绿色金融要支持新质生产力平衡发展

发展新质生产力不仅要推进数字技术的创新与应用，更要坚持新质生产力就是绿色生产力的根本宗旨。绿色金融支持新质生产力发展需要找到数字化和绿色化两个复杂系统之间的交叉点、平衡点，在发展数字化的同时产生节能减排效果，在推动绿色化的同时不影响数字经济长远发展。绿色金融推动新质生产力平衡发展有三种动力：第一，制度动力。除了既有的项目专项资金、技术研发资金、标杆奖励等政策投入外，政府还需不断细化政策举措，如将资金保障写入政策，探索“双化”试验场等。第二，商业动力。绿色金融需要持续探索注资可持续的“双化”商业模式，推广兼备绿色化和数字化的应用模式。第三，技术动力。绿色金融应加大对以数字技术为底座、应用于绿色场景和以绿色技术为底座、应用于数字场景两个方面的技术创新支持力度，推动数字技术和绿色技术相互融合。

第四节

普 惠 金 融

长期以来，金融被认为是“嫌贫爱富”，偏好大额业务，更愿意为大企业和中高收入群体服务。推动普惠金融发展，就是要打破这一传统观念，把传统金融机构的业务向社会“草根”延伸，使每个人都享有获得金融服务的权利，促进全体人民共同富裕。普惠性（inclusive）针对的，是排他性（exclusive）或攫取性（extractive）。所谓普惠性，最直接的体现就是要去除金融的特权性，强调每个人都应该有获得金融服务的机会和权利。据此，发展普惠金融的基本含义是：建立能有效地、全方位地为社会所有阶层和群体，尤其是那些被传统金融忽视的农村地区、城乡贫困群体和小微企业提供服务的金融体系。

一、新时代的中国普惠金融发展

共同富裕是社会主义的本质要求，是中国式现代化的重要特征。党的十八大以来，我国坚持以人民为中心的发展思想，在高质量发展中促进共同富裕。在这一进程中，我国的普惠金融快速发展，满足了人民群众日益增长的金融需求，为解决不同群体在金融服务方面的不平衡不充分问题作出了积极贡献，体现了我国金融坚持以人民为中心的价值取向。

从总体规模和增长速度上看，我国普惠金融呈现规模快速增长态势。在小微企业贷款方面，截至2023年12月末，全国普惠型小微贷款余额为29.4万亿元，较年初增长23.5%，全年增加5.61万亿元，同比多增1.03万亿元。2023年新发放的普惠型小微企业贷款平均利率为4.78%，较2022年下降0.47个百分点，有力支持了小微企业发展。在“三农”领域金融支持方面，截至2023年12月末，全国普惠型涉农贷款余额为12.59万亿元，同比增长20.34%，增速超过各项贷款平均增速10.2个百分点，利率也同比下降0.87个百分点。普通农户生产经营贷款余额为9.24万亿元，同比增长18%。中国人民银行有效运用“三农”、小微专项金融债券，扩宽金融机构可贷资金来源。截至2023年12月末，央行支持28个省（区、市）156家企业累计发行乡村振兴票据252期，发行金额1982.57亿元，“三农”专项金融债券累计发行1481.5亿元，还为乡镇企业发行乡村振兴票据设置绿色通道，提高涉农企业融资便利性。

从运用数字技术提高普惠金融服务质效方面看，在数字化科技手段的有力支撑下，各类金融机构与科技企业协同合作，持续拓展普惠金融的广度和深度，促进数字普惠金融服务与经济社会各类场景深度融合，贴近客户需求打通金融服务的“最后一公里”，为客户提供一站式、全方位综合金融服务。金融机构不但利用数字化科技手段对普惠金融业务流程进行改造，实现审批、风控、运营、客户管理等业务流程的线上化、数字化、智能化，大幅降低金融机构的运营成本，而且利用科技手段对普惠金融群体的风险进行识别，并对事中风险进行管控，将普惠金融业务的风险成本控制在较低水平。

以移动支付为代表的数字金融，为西部偏远地区的居民接触、使用优质的数字金融服务创造了条件，进而为中国区域经济的平衡发展创造了更多机遇，突破了代表经济分布不均的“胡焕庸线”。

2015年12月，国务院印发的《推进普惠金融发展规划（2016—2020年）》指出，普惠金融是指立足机会平等要求和商业可持续原则，以可负担的成本为有金融服务需求的社会各阶层和群体提供适当、有效的金融服务。小微企业、农民、城镇低收入人群、贫困人群和残疾人、老年人等特殊群体是当前我国普惠金融的重点服务对象。普惠金融既强调家庭和企业以合理的成本获取较广泛的金融服务，又强调以金融机构的稳健和可持续发展为基本前提，还强调增强金融服务的竞争性和创新性，为消费者提供多样化的金融服务选择，包含“普”“惠”“商业可持续”三大特征。

由此可见，一方面，普惠金融的不同目标之间在一定程度上是矛盾的：“普”和“惠”要求金融机构以较低的成本向那些风险较高的弱势群体提供金融服务，这对金融机构实现“商业可持续”提出了很大的挑战；另一方面，“普”和“惠”应当是适度的，过度追求“普”和“惠”都将严重偏离“商业可持续”的要求。因此，发展普惠金融应当在“普”“惠”和“商业可持续”之间权衡取舍，实现总体平衡。

普惠金融目标的多重性及其内在矛盾对金融模式提出了新的要求，完全以市场为主导的金融模式很难满足需要，发展普惠金融需要寻找新的着力点，更好地发挥政府作用和充分利用金融科技手段是两个重要方面。

一是更好地发挥政府作用。一般情况下，金融机构很难依靠自身在满足“普”和“惠”的同时实现“商业可持续”，因此，政府以适当的方式介入普惠金融发展就显得十分必要，可以以此弥补市场机制的失灵。政府可以通过市场化手段为金融机构开展普惠金融业务提供政策支持，如提供货币政策、财税政策、差异化监管政策等支持，提高对金融机构开展普惠金融业务的激励水平；同时，政府还可以通过改革消除普惠金融发展中的体制机制障碍，提高消费者的金融素养，帮助金融机构降低运营成本和风险成本。

二是充分利用金融科技手段。金融机构可以利用科技手段对普惠金融业务流程进行改造，实现审批、风控、运营、客户管理等业务流程的线上化、数字化、智能化，大幅降低金融机构的运营成本；同时，金融机构还可以利用科技手段对普惠金融群体的风险进行识别，并对事中风险进行管控，将普惠金融业务的风险成本控制在较低水平。

二、我国普惠金融发展存在的问题

（一）政府的政策与制度方面

第一，财政与金融的协同不够。一是两者之间缺乏有效协同。从实践来看，并非所有的市场主体都会产生金融需求，也并非所有的资金需求都需要通过金融手段来满足。财政与金融在支持普惠金融发展过程中还没有形成有效协同，政策交叉与政策空白的情况经常发生，影响了普惠金融业务的实际效果。二是两者之间的分工边界有待进一步厘清。从财政层面看，财政名义上不仅承担了农村基础设施建设的资金，还在农业生产过程中部分承担了本应由金融承担的职能；从金融层面看，在一些财政拮据的地区，地方政府为追求政绩，会利用行政手段诱导中小金融机构为农村基础设施建设提供资金，使得中小金融机构变相承担了部分财政职能。三是财政与金融共担的普惠贷款风险补偿和防范机制有待加强。各级政府虽然在开展普惠金融工作中出台了一些防范贷款风险的规章制度和管理办法，但在落实过程中基本只针对特定的中小金融机构或特定的信贷业务（如土地经营权抵押贷款），而且财政风险补偿基金不能及时到位的情况时有发生，财政与金融共担的普惠贷款风险补偿和防范机制尚未真正建立。四是财政和金融方面存在缺位情况。财政的缺位主要表现为欠缺对中小银行发展的财政优惠政策、对农村信用担保体系建设的财政支持较弱、对地方特色农业保险补贴金额偏低等；金融的缺位主要表现为没有以需求为导向来设计金融产品和服务以满足普惠群体多样化的金融需求、金融机构“授人以渔”的能力（帮助普惠群体提升风险识别和金融素养的能力）有待提升等。

第二，政策性金融的普惠功能有待进一步强化。政策性金融作为财政与金融的结合，是发挥财政资金支持和引导作用的重要渠道。目前，我国在推进普惠金融发展的过程中还存在一些短板。一是政策性金融体系存在缺位情况。当前的政策性金融体系主要是指以三家政策性银行为主的框架体系，对于农业这种具有准公共物品性质的产业而言，其天然的生产脆弱性、不确定性和高风险性特征更需要有完善的政策性保险体系和政策性担保体系来支持，但国家对这方面的重视程度还不够。二是政策性金融的精准性有待提高。目前，在农村普惠金融领域，政策性金融过于注重对粮棉油等传统农产品产量的支持，尚不足以覆盖国民经济薄弱环节，与农村基础设施、公共服务、特色产业、专项扶贫、就业就学等方面的金融服务需求的匹配度还有待提高。三是政策性金融的补偿机制欠缺。政策性项目一般具有建设周期长、投资体量大、利润回报低、风险高等特点，对国家财政的依赖性非常强。如果政府不通过财政资金拨付、财政贴息、税收优惠等形式来适当补偿政策性金融机构，政策性金融机构就会为了自我生存而越位开展商业性金融业务，从而影响政策性金融功能的有效发挥。

第三，政府数据开放和共享体系有待完善。一是政府本身对数据的管理能力较为薄弱。虽然各个部门在数据采集、处理、发布与传播、整理归档、分析等不同环节采取了一定的质量控制手段，但数据的整体质量还不高，且标准化程度较低。二是政府数据开放和共享缺乏制度指引。目前还没有专门的部门对政府数据开放和共享进行统筹协调，在数据共享方面缺乏统一的管理标准和指导原则，也没有建立跨部门的数据开放和共享机制，导致各个部门之间存在很强的数据壁垒。

第四，信用体系建设与风险分担机制有待加强。一是人民银行与大平台之间的信息共享和融合有待加强。部分平台的信用评级信息尚未接入人民银行征信系统，导致信息孤岛、多头借贷、过度借贷等现象时有发生，对信息的加工和使用还有待改进。二是普惠群体的信用担保机制不健全。由于农村可供抵押的不动产十分匮乏，金融机构一般采用多户联保的方式向普惠群体发放贷款，这种单一的抵押担保方式已不能完全满足当前普惠群体的多样化资金需求。同时，农业信用担保机构当前还处于起步阶段，内部管理不够成熟，担保实力弱，在担保范围、额度、费率等方面均存在很大的局限性，只能部分缓解农村贷款“普”的问题，不能从根本上解决“惠”的问题。

第五，农地抵押贷款制度建设亟待完善。一是农地价值评估缺乏公信力。当前，针对抵押物的价值评估主要有两种做法：一种是金融机构自行评估，另一种是参考当地农地流转市场的租金价格来评估农地经营权价值，还没有建立专门的机构负责农地经营权价值评估。在实际工作中，这两种做法评估出的价值都比较低，导致借款人获得抵押贷款的额度偏低。二是农地流转和交易市场不健全。目前，各试点地区虽然依托当地农村产权交易中心设立了产权流转交易平台，但由于有关部门尚未完全明确如何对已确权颁证的农地经营权及其他各类农村资产进行登记，导致其不完全具有招标、拍卖等正常抵押物所具有的功能，一旦客户出现违约或不能还本付息时，农地经营权就无法在市场中正常流转。三是农地抵押方面的法律法规欠缺。当前，《中华人民共和国农村土地承包法》《中华人民共和国民法典》《中华人民共和国乡村振兴促进法》等相关法律条款均未对农地抵押效力作出明确规定，导致农地抵押贷款仍存在抵押权效力不足等问题。一旦客户出现违约或发生抵押权纠纷，抵押权就面临无法实现的法律风险。

（二）金融科技与数据要素利用方面

第一，中小金融机构对金融科技的利用不足。近年来，大型金融机构纷纷加大科技投入，将金融科技手段应用于普惠业务。与之相比，中小金融机构由于自身实力有限，高素质专业人才匮乏，金融科技研发能力薄弱，对金融科技的应用主要依托于大型金融机构、外部科技公司、省农村信用社联合社（简称“省联社”）等外部力量，总体发展较为滞后。从目前情况看，随着监管政策的收紧，中小金融机构与外部科技公司的合作势头有所放缓；同时，省联社由于自身体制问题，对农村金融机构在金融科技方面的支持比较有限，滞后于农村金融机构的发展需求。

第二，金融机构对数据的开发和使用不够。一是缺乏大数据应用的基础数据。目前，多数金融机构仅掌握了客户的基本信息，对客户的行为、交易偏好和工商、税务等信息的掌握程度还不够，并且这些数据本身质量不高，不同数据缺乏统一的标准，无法充分挖掘数据价值。二是缺乏对大数据的整合能力。金融机构在大数据整合中存在明显的技术瓶颈和管理瓶颈，既没有将各系统中依靠机构网点、信贷等传统渠道获得的结构化大数据进行有效整合，也没有打通来自物联网、互联网、第三方机构的各类非结构化大数据，缺乏对大数据的整合能力。三是缺乏精通大数据管理的专业人才。金融机构普遍缺乏精通数据开发、收集、分析和应用的专业人才，导致其利用大数据开展新业务的能力明显受阻。

第三，金融机构与外部科技公司的合作有待规范。一是金融机构与外部科技公司的职责边界有待厘清。从实践来看，金融机构与外部科技公司合作，涉及客户导入、风险评估、资金提供、贷后管理、风险分担等多个环节，在很多情况下，不同环节交织在一起，导致金融机构与外部科技公司之间的权利义务和职责边界划分不清。二是金融机构与外部科技公司合作在一定程度上抬高了金融服务成本。尽管与外部科技公司合作有助于扩大金融机构的业务范围，但外部科技公司的逐利性使得金融服务的成本大大增加。特别是在实践中，金融业务产生的收益中有很大一部分由外部科技公司获得，金融机构往往只能获得略高于资金成本的收益，与其承担的风险并不匹配。三是在风险控制方面过于依赖外部科技公司易引发风险。在金融机构与外部科技公司合作的过程中，由外部科技公司负责风险控制在实践中非常普遍，由此导致金融机构在风险控制方面高度依赖外部科技公司，一旦外部科技公司出现风险，将会向金融体系内部传导。四是对少数科技巨头的依赖易引发系统性风险。在实际工作中，金融机构所依赖的云计算能力、风控所需要的客户交易和行为数据很多情况下掌握在少数科技巨头手里，容易形成技术和数据垄断。如果系统重要性金融机构高度依赖外部科技公司，或者依赖外部科技公司的非系统重要性金融机构在数量和资产上达到一定的规模，那么，依赖外部科技公司的风险可能会演变成系统性风险。

第四，金融科技的应用产生新的风险。一是诱导消费者过度消费和过度负债。一些科技公司利用大数据等科技手段来识别金融素养和风险防范意识较差的消费群体，如学生群体等，通过分期、免息、免费等方式精准营销，诱使他们使用一些游离在金融监管之外且贷款成本较高的金融产品，使他们陷入过度消费的陷阱，背上沉重的债务负担。二是金融科技本身存在缺陷和技术风险。一方面，金融科技本身存在的缺陷（核心算法基本雷同）使科技公司搜集到基本相同的数据信息，这些雷同的数据会促使科技公司对客户群体进行分层，导致部分对价格不敏感且对科技公司黏性较强的群体难以享受到优惠服务；另一方面，金融科技本身具有一定的技术不完备性，这种特性所产生的系统漏洞不仅会使金融科技偏离其预期目标，严重时还会受到黑客攻击，带来数据泄露、病毒感染、数据篡改、基础设施瘫痪等风险。

（三）金融机构发展与治理方面

第一，中小金融机构定位不清晰。随着银行业市场化改革的推进，大多数中小金融机构完成了商业化改革，并成为法律意义上的市场化主体。从实践来看，部分地区仍把中小金融机构视为地方政府的附属机构，在发展普惠金融过程中通过行政手段下派任务，要求其承担一定的政策性功能，干扰了中小金融机构的正常经营活动。

第二，大银行业务下沉对中小金融机构造成挤压。近年来，在国家政策支持和监管考核要求下，大银行纷纷成立普惠金融部门，并利用其网点布局广、资金成本低和品牌知名度高等优势将业务范围快速拓展到五、六线城市和广大农村地区，以明显优于当地市场平均水平的条件与农村中小金融机构争夺客户，导致农村中小金融机构流失了一些优质客户，一定程度上扰乱了农村地区金融市场秩序，挤压了农村中小金融机构的生存空间。面对大银行的竞争，部分中小金融机构不得不开发高风险、低成本的次优客户，降低了其开展普惠金融业务的积极性。

第三，网点运营成本偏高损害中小金融机构绩效。作为普惠金融供给的主力军，目前中小金融机构经营状况总体较差，经营风险较高，支持普惠金融的能力受到限制。其中，网点运营成本高企已成为部分中小金融机构运营成本居高不下的一个重要原因。一方面，随着乡镇人口外流和互联网等科技手段的应用，物理网点对中小金融机构的重要性明显降低，部分网点的客流量和业务量急剧下降，产生的收益十分有限；另一方面，维持一个网点运行需要投入大量的人力物力，部分中小金融机构的网点员工占全部员工的比例超过1/3，运营成本居高不下。在这种情况下，部分网点的利润贡献非常少甚至为负。但是在现行监管体制下，为了实现对乡镇地区金融机构营业网点的全覆盖，监管部门对中小金融机构撤并网点又有严格的限制，导致中小金融机构无法根据实际需求对网点进行撤并从而压缩运营成本。

第四，中小金融机构治理效率亟待提升。一是内部治理效率不高。与大型金融机构相比，中小金融机构虽然按照公司章程建立起形式完备的治理架构，但在实际运转中基本有“形”无“神”，内部治理效率较低，权力配置基本集中在少数人手中，形成严重的“内部人控制”；另外，部分股东还通过关联贷款等方式侵占中小金融机构利益。二是省联社体制与现代公司治理存在冲突。省联社在省政府的指导下成立，既要代表省政府对农村金融机构行使行政管理职能，又要为农村金融机构提供科技信息、数据、产品研发等方面的服务，还要作为金融市场经营主体按照市场规则经营。这种“准政府+准行会+准金融企业”的畸形体制剥夺了农村金融机构按照现代公司治理模式经营的权利。首先，省联社架空农村金融机构股东大会的情况时有发生，导致一些民营企业在参与改制并成为农商行股东后仍无法充分行使股东权利，打击了股东入股或增资的积极性。其次，省联社利用行政权力过度干预农村金融机构人事权。省联社对下属农村金融机构的高管任期、选举流程等作了明确规定，且独占提名权，在实质上取代了股东大会主导农村金融机构的高管任免，严重弱化了农村金融机构独立开展业务和金融创新的主观能动性。这种矛盾在改制后的农商行中尤为突出。最后，省联社重管理、轻服务，制约了农村金融机构的业务发展，在产品研发、科技支撑等方面严重滞后于农村金融机构的实际发展需要。

（四）金融消费者保护方面

第一，普惠群体的金融素养有待提升。普惠群体的金融素养不高是制约我国普惠金融发展的一个重要因素，增大了普惠金融业务的风险。一是不能理性选择金融产品和服务。目前，大多数普惠群体对金融产品和服务的认知有限，既不能正确辨别投资渠道和产品服务的合法性，也没有了解清楚金融产品和服务所能带来的风险和收益；另外，在选择金融产品和服务时不够理性，大多数普惠群体对合同条款内容并不是完全理解，具有较大的盲目性。二是财务规划意识缺乏。一方面，大多数普惠群体没有建立家庭开支计划，即使建立了家庭开支计划，也基本流于形式；另一方面，大多数普惠群体没有树立起积极的“主动负债”意识，即使有“主动负债”的意识，也缺乏有效的控制措施，导致债务负担存在较大的失控风险。三是老弱病残、失业贫困等人群往往风险承受能力和风险识别水平更低，更容易成为金融诈骗等活动的受害者，更加需要超出平均层次的“额外保护”。

第二，消费者权益保护机制不健全。现有的《中华人民共和国消费者权益保护法》主要针对传统非金融消费者群体，并不完全适用于金融消费者。鉴于金融活动的特殊性，对金融活动进行特别立法是各国通行的做法。目前，我国在金融消费者权益保护立法方面还存在缺失。

三、推动我国普惠金融发展的总体思路

（一）着力优化普惠金融供给

第一，加强财政与金融手段的协同。应当根据普惠金融需求的性质确定金融供给的方式。对于基本上不产生收益、依靠自身难以实现商业可持续的纯公益类项目，应当以财政资金投入为主；对于可以产生一定的收入、依靠自身短期内很难实现商业可持续的项目，应当以政策性资金为主、商业性资金为辅；对于依靠自身收益能够在一定程度上实现商业可持续的项目，应当以商业性资金为主。

第二，进一步发挥政策性金融的作用。一是完善政策性保险体系和政策性担保体系。发挥政策性金融在普惠金融风险分担领域的作用。二是优化政策性金融资金的投向。集中优势资金投向普惠金融中的关键领域，优化布局，补齐短板，提高金融支持的精准性。三是引导商业性金融机构与政策性金融机构建立有效的协同机制，实现优势互补。具体来说，在普惠金融领域，政策性金融机构可以发挥自身在资金成本上的优势，作为批发资金的提供者向商业性金融机构提供资金；而商业性金融机构可以发挥自身在人力、网点渠道等方面的优势，更有效地触达客户。

第三，更好地发挥非银行金融机构的作用。从实践来看，包括融资租赁公司、保险公司、期货公司等在内的非银行金融机构在普惠金融领域发挥着重要作用。此外，融资租赁将融资与融物融为一体，能够在防范金融风险方面发挥独特作用。未

来一段时期，应当重视发挥其他金融业态在普惠金融领域的作用，形成多层次的普惠金融供给格局。

第四，引导各类慈善基金投入普惠金融领域。随着居民财富的增长，大量资金进入慈善领域，各类基金会（如中国乡村发展基金会、壹基金、腾讯公益慈善基金会等）纷纷成立。慈善基金要求的回报率普遍不高，主要用于公益类用途，与普惠金融领域资金需求特点高度契合。建议尽快制定慈善基金支持普惠金融发展的指导意见，引导各类慈善基金投入普惠金融领域，作为政策性资金和商业性资金的补充，拓展普惠金融资金来源。

（二）更好地发挥金融科技的作用

第一，加强金融科技手段的应用。一是引导金融机构利用科技手段对普惠金融产品和服务模式、业务流程等进行改造。对金融机构的科技研发投入给予一定的税收优惠；引导和规范大型金融机构或外部科技公司对中小金融机构的科技输出，借助外部科技力量对中小金融机构开展普惠金融业务进行赋能；由监管部门或行业协会牵头组织培训，提高金融机构特别是中小金融机构应用金融科技的能力。二是引导金融机构发挥金融科技在普惠金融生态中的链接作用。近年来，普惠金融业务发展呈现出生态化特征。以普惠信贷为例，其流程可以被分解为获客、风控、增信和资金等节点，不同类型的机构在不同的节点形成各自的比较优势，并通过金融科技手段进行连接和聚合，形成生态化、平台化的金融展业模式。这种专业化的分工和聚合通过最大化各节点上提供服务机构的产能，形成规模经济，进而降低金融服务成本。政策部门应当采取措施，引导不同类型的金融机构依托金融科技手段打造普惠金融生态，鼓励和规范不同类型机构之间的合作，实现优势互补。

第二，规范金融机构与外部科技公司的合作。一是坚持金融业务须持牌的原则。对于现有法律法规要求持牌的业务，只能由持牌机构经营；对于现有法律法规未要求持牌的业务，如获客、信贷技术和贷后管理等领域，应允许持牌机构与各类具有专业优势、合法合规的非持牌机构合作，鼓励市场竞争，以提高效率。二是加强对各类机构的监管。对于持牌机构与持牌机构的合作，由相应的监管部门分业管理，但要保持政策的协调性；对于持牌机构与非持牌机构的合作，以持牌机构为监管主体，监管部门可要求持牌机构根据审慎原则建立白名单制度，将资质较差、潜在风险较大的机构排除在外。此外，监管部门可以根据现有监管规定适度延伸监管范围，在必要情况下对持牌机构的合作对象进行监管检查和评估。

第三，发挥数字货币的助推作用。数字货币可以在促进普惠金融发展方面发挥独特作用，包括扩大金融服务覆盖面、提高金融服务便利性、降低金融服务成本、提升金融服务质量和满意度等。未来一段时期，要以数字人民币的推广和应用为契机，推动普惠金融发展。一是以数字人民币为抓手完善普惠金融领域基础设施建设，推动数字人民币在普惠金融领域的应用，引导农民、小微企业主等普惠群体开立数字人民币账户，缩小与其他群体在物理网点等金融基础设施方面的差距，扩大金融服务覆盖范围。二是以数字人民币为载体，将数字人民币融入更多普惠金融业务场景，降低金融服务的交易成本和时间成本，提高金融服务效率。三是发挥数字人民币可追踪、可溯源的优势，确保金融机构在普惠金融领域的资金投放能够有效抵达普惠群体，提高资金投放的精准性，确保国家普惠金融相关政策落实到位。

（三）提升中小金融机构普惠金融服务能力

第一，提升中小金融机构治理水平。良好的公司治理有助于优化金融机构的资产或收入结构、降低风险水平、提高运行效率，进而使得金融机构能够以更低的成本提供金融服务。一是修订《商业银行公司治理指引》。结合商业银行公司治理实践的新变化完善相关制度，特别是要结合中小金融机构公司治理的特点，提高政策的针对性和有效性。二是提高对非银行金融机构公司治理的要求。现有政策对商业银行公司治理的要求较为明确，对其他类型金融机构的治理要求还不太清晰。建议将《商业银行公司治理指引》拓展到消费金融公司、金融租赁公司、小额贷款公司等非银行金融机构，全面提升各类金融机构的公司治理水平。

第二，加快推进省联社改革。未来一段时期，要把省联社改革作为新一轮农村金融改革的突破口，提升农村中小金融机构经营绩效。一是要因地制宜推动省联社改革。建议由国家层面牵头制定省联社改革总体方案。省联社改革涉及的利益主体较多，涵盖地方政府、中央政府不同部门的权责划分，需要由国务院、中央全面深化改革委员会等机构牵头制定省联社改革总体方案，协调各部门利益并推动方案落实，破除部门和地方利益藩篱。同时，要坚持农村金融机构服务“三农”、保持农村金融机构县域法人地位稳定不变这两大原则，因地制宜选择符合地方特色的改革模式，切勿“一刀切”。二是要淡化省联社行政管理职能。按照政企分开原则将省联社行政管理职能交由省级金融监督管理局负责；将省联社的人事权下放给各县市级农村金融机构，避免在人事任免、薪酬制定等方面对农村金融机构的干预。三是要完善省联社内部治理机制。健全“三会”议事制度，明确理事会、监事会、社员大会和高级管理层之间的职责范围和议事规则，形成有效的责权利制衡机制。

第三，引导大银行与中小银行实现错位竞争。一是进一步明确中小银行支农支小、立足普惠的发展定位，通过差异化监管政策等手段，引导中小银行开展普惠金融业务；二是对部分大银行在农村地区开展普惠金融业务实施窗口指导，引导大银行与农村中小金融机构实施错位竞争；三是对大银行开展普惠金融业务设立差异化考核标准，比如，将规模较大的企业纳入大银行的普惠金融服务对象，使得大银行与农村中小金融机构在普惠金融服务对象上形成错位；四是对在农村地区以明显优于市场平均水平的条件提供金融服务、严重扰乱金融秩序的部分大银行，由监管部门进行查处并勒令整改。

第四，优化中小金融机构网点布局。一是允许中小金融机构撤并乡镇网点。监管部门应当结合实际情况，对于客户数量和业务量低于一定门槛、运营成本过高、实际发挥作用有限的乡镇网点，允许银行对网点进行撤并，优化资源配置，降低金融机构运营成本。二是引导中小金融机构对物理网点实施智能化改造。为中小金融机构物理网点改造提供指引，降低网点人力和运营成本；引导和鼓励中小金融机构实现线上渠道与线下渠道的融合发展，更好地发挥物理网点的作用。

（四）加强普惠金融领域政策支持

第一，加强信用体系建设。一是有序开放政府数据资源。推进政府数据开放共享，推动各地区各部门间数据共享交换，包括税务、工商、社保、交通、生活缴费、住房等数据，充分发挥数据的作用。二是加强个人及企业征信系统建设，扩大征信系统客户和数据覆盖范围，完善信用评分模型，提高信用评分质量，使得信用评分能更好地反映出客户的信用风险。三是加强不同机构之间的数据共享，包括金融机构之间、金融机构与科技公司之间以及电商平台之间的数据共享；四是大力开展信用镇（村、户）创建活动，做好农户信息收集、建档、评级、授信、公示等基础工作，不断优化地方金融生态环境。

第二，完善农地经营权抵押贷款相关配套措施。盘活农村土地市场对于解决普惠金融领域有效抵押物不足问题、释放农村金融需求具有重大意义。一是从国家层面制定农地经营权价值评估办法，包括对农地经营权本身和地上附着物等部分的价值评估，解决农地经营权价值评估的公信力和标准化问题。二是加快发展多种形式的农地经营权流转市场。加快建立农地流转服务平台，完善县乡村三级服务和管理网络，实时、动态监测农地流转情况，为流转双方提供信息发布、政策咨询等服务。农地流转服务主体可开展信息沟通、委托流转等服务，并使用统一的合同范本。健全纠纷处置机制，妥善化解农地承包经营流转纠纷。三是由地方财政出资建立农地抵押贷款风险缓释机制，包括风险资金池、代偿补偿机制、成立政策性担保公司等，确保农地经营权抵押贷款模式落地。

第三，加大财税和货币政策支持力度。在财税政策方面，继续实行农户小额贷款增值税、企业所得税优惠政策，落实金融企业涉农贷款和中小企业贷款损失准备金税前扣除政策等。在货币政策方面，发挥货币政策在普惠金融供给中的“总阀门”作用，通过综合利用差别化价格型或数量型货币政策工具，精准施策，引导金融资源向普惠金融领域倾斜，不断降低普惠金融服务成本，包括差别化存款准备金率、定向降准、再贴现、再贷款等。

第四，加强普惠金融监管与风险防控。一是适当提高对金融机构开展普惠金融业务的风险容忍度，对不良贷款超过一定限额的普惠金融业务提供必要的风险补偿和支持政策，提高金融机构开展普惠金融业务的积极性。二是优化金融机构普惠金融常态化考核指标，完善普惠金融服务统计指标体系，更好地反映和评估金融机构普惠金融服务成效。三是加快金融消费者权益保护立法，切实保护普惠群体消费者权益。

第五，不断提高消费者金融素养。一是加大金融知识宣传力度，普及金融产品和服务相关基础知识，既包括个人征信、银行卡安全、支付工具使用、存款保险、证券期货和投资理财等在内的常用基础金融知识，也包括一些新的金融投资和防诈骗知识，增强金融消费者的风险意识。二是围绕“一老一少”重点人群进行知识普及和风险提示。老年人和青少年的金融素养水平较低，是未来金融教育持续关注的重点对象。三是依托科技赋能，实现金融教育的常态化。综合运用新媒体技术，创新推出互动体验宣传模式，开展全方位、多角度、广覆盖的金融知识教育，提高金融知识教育效率。

第五节

养 老 金 融

人口老龄化是我国今后较长一段时期的基本国情：青壮年劳动力减少和老年人口规模扩大导致社会供养负担加重，经济社会的健康发展面临挑战。要统筹人口老龄化和促进经济社会发展两个方面，利用金融手段实现资源的跨周期、跨部门配置是重要途径。2023年中央金融工作会议将养老金融列为推动金融高质量发展的五篇大文章之一，这是养老金融首次在如此高层级的官方文件中被正式提出，标志着其已经上升到国家战略高度。

做好养老金融大文章是积极应对人口老龄化国家战略的有机组成部分。中央金融工作会议指出，养老金融要健全体系、增进福祉。加大对健康产业、养老产业、银发经济的财税金融政策支持，有针对性地丰富养老金融产品供给，积极发展第三支柱养老保险，更好地满足日益多元化的养老金融需求。这一重要论断为我国养老金融发展指明了方向。

一、养老金融的概念与发展着力点

（一）养老金融的概念

在人口老龄化背景下，基于现收现付制的公共养老金体系收支压力不断增大，养老越来越依赖金融部门的支持。所以，养老金融可以定义为围绕社会成员各种养老需求所进行的金融活动的总和。把握该定义要明确此类金融活动必须以养老需求作为出发点，而满足日益增长的养老需求需要两个方面的条件，这也是发展养老金融的两个着力点。

其一，养老需求方的能力。在市场经济条件下，有意者需求方的能力可用能够在老年阶段使用的财富储备来衡量。这方面的金融活动既包括养老金金融，也包括未纳入养老金制度的养老财富储备产品。后者的范围很广，包括没有纳入个人养老金制度的个人养老金产品、老年人消费金融产品和各类健康保险产品等。

其二，用于满足养老需求的物品和服务的供给。物品和服务是通过养老产业来提供的，与其他产业一样，养老产业[1]的发展需要土地、物质资本、劳动力、人力资本等生产要素。因此，能够增加和使用这些要素来支持养老产业的金融活动，可称为养老产业金融。养老产业金融可以按照所服务的生产要素进一步细分，如金融支持养老设施、金融支持老年护理、金融支持养老人才培养等。

（二）养老金融的发展着力点之一：推动养老财富积累

2019年，中共中央、国务院印发的《国家积极应对人口老龄化中长期规划》指出，要“夯实应对人口老龄化的社会财富储备”，“稳步增加养老财富储备”。从养老财富储备（养老金体系）的三支柱看，第一支柱养老金继续通过高效投资促进保值增值，第二支柱养老金不断拓展覆盖面，第三支柱个人养老金在开局之年就取得不俗的成绩。此外，没有纳入个人养老金制度的金融产品的养老功能不断增强，多方面满足养老需求。

1.第一支柱养老金保值增值

我国第一支柱养老金主要包括基本养老保险基金和全国社保基金。基本养老保险基金是各省（自治区、直辖市）人民政府根据《基本养老保险基金投资管理办法》，委托全国社保基金会管理的基本养老保险部分结余基金及其投资收益。全国社保基金是由全国社会保障基金理事会负责管理的基金，主要目的是在人口老龄化高峰时期对养老保险等社会保障支出进行补充和调剂。

基本养老保险基金的投资遵循市场化、多元化、专业化的原则，旨在确保资产

[1] 国家统计局于2020年2月公布的《养老产业统计分类（2020）》将养老产业定义为：以保障和改善老年人生活、健康、安全以及参与社会发展，实现老有所养、老有所医、老有所为、老有所学、老有所乐、老有所安等为目的，为社会公众提供各种养老及相关产品（货物和服务）的生产活动集合，包括专门为养老或老年人提供产品的活动，以及适合老年人的养老用品和相关产品制造活动。《养老产业统计分类（2020）》还将养老产业范围确定为12个大类。

的安全并实现保值增值。自2016年12月受托运营以来，基本养老保险基金累计投资收益额达到2670.82亿元，年均投资收益率为5.44%，截至2022年底，其资产总额已达到18453.73亿元[1]。

社保基金的投资业绩虽在短期内表现出较大波动，但从长期看则表现较好。2022年，社保基金的投资收益率为-5.07%，扣除非经常性损益后的投资收益率为-4.53%[2]。社保基金自成立起至2022年底，其累计投资收益额达到1.6576万亿元，年均投资收益率为7.66%。

2.第二支柱养老金稳步推进

我国第二支柱养老金主要包括企业年金和职业年金。企业年金是企业为职工建立的补充养老保险，一般由有能力的企业自愿建立，企业和职工个人按照一定的比例缴纳费用，职工在退休后领取。职业年金的定义与企业年金类似，但是参与范围限于机关事业单位工作人员。

企业年金的参与覆盖面不断拓宽。2007年至2023年末，建立企业年金的企业数量年平均增长8.75%，达到141728户；参与企业年金的职工数量年平均增长6.92%，达到3144.04万人；积累基金金额年平均增长19.95%，达到31873.96亿元[3]。不过，也应注意到，就全国5000多万户企业的总量而言，企业年金覆盖率不足0.3%，覆盖的城镇就业人数也不到10%，还有很大的发展空间。

职业年金保持稳健运行。职业年金要求工作人员按个人工资的4%缴费，单位按本单位工资总额的8%缴费。退休后，工作人员可按月领取约定的职业年金待遇。自2019年起，职业年金逐步进入市场投资。截至2023年底，全国职业年金基金投

[1]　基本养老保险基金受托运营年度报告（2022年度）[R].北京：全国社会保障基金理事会.2023.

[2]　社保基金年度报告（2022年度）[R].北京：全国社会保障基金理事会.2023.

[3]　人力资源社会保障部社会保险基金监管局.2023年度全国企业年金基金业务数据摘要[EB/OL].（2024-03-27）［2024-06-23］.https://www.mohrss.gov.cn/xxgk2020/fdzdgknr/shbx_4216/shbxjjjg/qynjjd/202403/t20240327_515755.html.

资运营规模为2.56万亿元，年均投资收益率为4.37%[1]。此外，由于我国的职业年金注重净值的稳定性，所以投资以低风险、低收益的固定收益类资产为主，偏好更高收益、能承担更高风险的参与人无法选择适合自身的产品。美国联邦政府雇员的补充性养老金计划提供了广泛的基金投资选择，包括单项基金和生命周期基金两种类型，参保人可根据自己的风险偏好选择投资组合。

3.第三支柱养老金参与规模壮大

2022年10月26日，人力资源社会保障部、财政部、国家税务总局、银保监会、证监会等五部门联合印发了《个人养老金实施办法》；2022年11月17日，人力资源社会保障部办公厅、财政部办公厅、国家税务总局办公厅印发了《关于公布个人养老金先行城市（地区）的通知》（人社厅函〔2022〕169号），提出自2022年11月25日起在36个城市或地区开展个人养老金先行试点。在一年多的时间里，养老储蓄产品、养老理财产品、商业养老保险产品和养老目标基金纷纷建立，个人养老金发展取得很大成效。截至2023年底，已上市753只个人养老金产品，其中储蓄类产品465只，基金类产品162只，保险类产品107只，理财类产品19只，参与个人养老金开户人数已超过5000万。

4.未纳入个人养老金制度的商业人身保险产品的养老功能不断增强

2023年，未纳入个人养老金制度的商业人身保险产品也从多方面满足了养老的金融需求。其一，增加保障内容。保险业加强了对老年人常见病保险的研发，积极开发了适合老年人需求和支付能力的医疗保险和意外伤害保险产品。其二，扩展保障期限。年金保险产品的领取期限不断延长，市场上热销的增额终身寿险产品采用“活到老，领到老”的设计，满足了“保终身”的需求。其三，减少参与限制。保险产品进一步提高了投保年龄上限，更多地满足70岁及以上高龄老年人的保障需求；放宽了投保条件，为有既往症和慢性病的老年人群提供合理保障。

[1] 2023年全国职业年金基金市场化投资运营情况[EB/OL].（2024-04-03）[2024-06-23].https://www.mohrss.gov.cn/xxgk2020/fdzdgknr/shbx_4216/shbxjjjg/qynjjd/202404/t20240403_516167.html.

（三）养老金融的发展着力点之二：促进养老产业发展

养老产业是我国民生保障方面一个迫切需要扩大供给规模和提升供给质量的领域。《国家积极应对人口老龄化中长期规划》指出，要“打造高质量的为老服务和产品供给体系”，“多渠道、多领域扩大适老产品和服务供给，提升产品和服务质量”。近年来，我国金融部门为养老基础设施建设、老年护理质效、康养人才培养提供了更多、更低价格的投资支持，促进养老产业发展。

1.大力支持养老基础设施建设

我国金融机构正在加大对养老基础设施建设的投资力度。其一，对于政府养老产业规划中的重点项目，尤其是大中型城市的项目，金融机构积极利用开发性金融的大额批发资金和一般性贷款，推动社区养老基础设施全面升级和换代。其二，对于已建成且运营良好的养老机构，金融机构扩大银行贷款抵押担保的范围。这包括允许养老机构使用已有的土地使用权和明确产权的房产等固定资产来办理抵押贷款，用于支持改扩建工程和模式复制性机构建设项目。其三，金融机构支持资信良好的房地产企业利用自身信用融资参与基础性养老产业项目的开发。这一策略使房地产投资信托基金（REITs）成为重要的融资渠道，有效促进了养老产业的扩张和升级。

2.助力提升老年护理服务质效

其一，金融机构通过购买风险可控、商业可持续性强的优质养老服务企业发行的企业债、公司债、非金融企业债务融资工具对其进行融资。其二，保险业通过在寿险赔付责任和护理责任之间进行转换，采用以服务给付的模式，更好地满足参保人的护理需求，并有效地吸引老年护理服务资源。其三，我国金融部门正在积极寻求财政贴息、贷款风险补偿、担保增信等政策支持，以进一步加大对养老服务业和康复辅助器具产业发展的支持力度。

3.加强支持康养人才培养

我国对养老护理人员数量的需求超过600万，但目前仅有50多万名养老护理人员，远不能满足需求[1]。而且，护理人员的教育水平整体不高，入行时缺乏相关专业技能。2023年，金融部门为加强支持养老服务相关专业开展了职业教育校企合作，促进相关专业讲师到养老机构带教，推进老年护理职业规范化、专业化和标准化，畅通人才培养输送渠道。此外，针对我国农村地区养老服务人才培训机制建设明显不足的问题，金融部门正致力于完善养老服务从业人员的激励保障机制和区域性老年护理补贴措施。这将支持农村地区建立养老护理人员培训体系，实现养老院的护理员持证上岗。

二、我国养老金融发展面临的问题与挑战

第一，需要加强顶层法律与政策指导，促进监管协调统一。其一，我国当前对养老金融的管理多基于较低层级的管理办法、规划或指导意见，尚缺少与《中华人民共和国社会保险法》配套的法律体系。其二，我国养老金融缺乏统一的监管机构，不同部门之间需要协调，降低了监管效率。具体来看，我国由人力资源和社会保障部、财政部统筹负责养老保险的监督管理工作，国家金融监督管理总局监管银行、保险公司发行的养老金融产品，证监会则管理证券类产品，应促进监管协调，避免出现监管不足和监管重复的问题。

第二，政府的主导作用较强，市场的参与程度有待提高。其一，我国养老金体制由三大支柱构成：第一支柱是政府主导的基本养老保险基金，2021年累计结余6.4万亿元，占45.8%；第二支柱是由企事业单位发起的企业年金和职业年金，总共4.4万亿元，占31.5%；第三支柱是由个人主导的个人储蓄性养老保险和商业养老保险，目前只有1600多亿元，占1.2%。此外，全国社会保障基金可视为第一支柱的补充（21.5%）。总体而言，第一支柱占我国养老金总规模的2/3[2]。人口老龄化程

[1] 张玉胜.养老护理员数量不足 需多方发力提升吸引力[N].中国城市报，2023-04-17（8）.

[2] 林采宜：我国养老金的缺口究竟有多大？[EB/OL].[2023-04-12][2024-10-09].https://finance.sina.com.cn/zl/china/2023-04-12/zl-imyqasmn9103402.shtml.

度的不断加深使得人口红利减少，不应继续让第一支柱承担较重的支出责任，有必要大力发展第二、第三支柱，以缓解政府部门的支出压力。就企业年金和职业年金而言，部分国家采用强制性手段，要求企业必须建立职业养老金，并出台“自动加入”政策。目前，我国企业可自行选择是否设立，同时，一些企业采用只为部分员工缴费的方式规避有关政策（娄飞鹏，2020）。就个人储蓄养老计划而言，当前我国个税递延的税收激励政策效果不佳，部分原因在于我国较大部分人属于低纳税主体，且部分灵活就业人员、自由职业者无法享受此种税收激励政策（董克用 等，2020）。其二，养老金融本身的普惠性和长期性特征与商业性存在矛盾，这决定了社会资本进入养老金融领域的动力不足。当前，我国养老金融仍是由政府占据绝对主导地位，特别是在养老产业领域，绝大多数金融支持来自政府，市场化工具有限，民间资本和社会资本参与力度不够。

第三，资本市场需要继续完善。其一，股票市场波动较大，我国养老资金出于安全考虑，目前较少在股票市场进行资产配置，大多选择存于银行或购买国债。实际上，我国股票市场缺乏真正的长期资金和长期机构投资者，而养老资金的长期性和稳定性决定了其可以扮演好这一角色。养老资金的进入不仅有利于资本市场的长期稳定发展，也有利于养老资金自身的保值增值。其二，养老产业具有周期长、回报慢等特点，养老产业企业难以在资本市场上获得投资者青睐，直接融资渠道不顺畅。养老产业发展离不开资本市场的大力支持。

第四，促进养老金融产品和服务供给更加丰富。当前，我国养老金融产品需求较大，正规养老金融产品和服务的供给不充分。同时，金融机构提供的养老金融产品大多同质化，难以满足不同人群多样化的养老需求。一方面，这与我国传统文化和居民的金融素养有关。如在“养儿防老、福泽子孙”等传统思想的影响下，老年人倾向于将房产留给子孙，导致住房反向抵押贷款运行不佳。另一方面，受制于金融机构的创新能力和创新意愿，部分金融机构机械照搬国外相关金融产品和服务，难以满足我国本地化需求。

三、更好地发展养老金融，积极应对老龄化挑战

第一，提升养老金融相关法律层级，加大统一监管力度。在较低层级的规章制度已经充分试点的情况下，需要科学总结相关经验，并通过合法途径将其上升到法律层级，以构建系统全面的养老金融法律体系，发挥法律的全面指导作用。

第二，加大市场参与力度。一方面，政府可以通过税收政策和补助手段大力鼓励支持第二、第三支柱发展。就企业年金和职业年金而言，需要进一步加大税收补贴力度，同时考虑变企业自愿设立为准强制设立，并尝试借鉴发达国家经验采用"自动加入"机制。就个人储蓄养老计划而言，可以考虑为购买个人储蓄养老金融产品无法享受税收激励政策的人群直接提供财政补贴。另一方面，善于利用政府引导基金、PPP（Public-Private Partnership，政府与社会资本合作）等工具，积极引导私人资本和社会资本进入养老产业，实现风险共担和收益共享，从而充分发挥市场力量。

第三，持续完善资本市场建设。我国现阶段需要大力完善资本市场建设，构建多层次、全方位的资本市场。应强化资本市场投资者行为规范，鼓励价值投资和长期投资，以减少市场异常波动，提高预期收益。在此基础上，鼓励并吸引养老资金进入资本市场，利用养老资金长期性、稳定性的特点不断促进资本市场长期稳定发展，从而形成"资本市场完善→养老资金入市→养老资金投资收益提高→资本市场更加完善"的正向循环。

第四，以供给侧结构性改革为抓手，优化养老金融产品和服务供给。金融机构在设计相关养老金融产品和服务时，除了参考国际经验外，还需要充分考虑我国传统文化、居民金融素养、养老金融发展现状等现实特征，开发适合我国国情的养老金融产品和服务。如进一步改进住房反向抵押贷款、开发多样化的养老目标基金，以及大胆尝试债券品种创新、发行养老专项债券等。

第六节

数 字 金 融

当前，世界百年未有之大变局加速演进，全球新一轮科技革命和产业变革深入发展，催生出大数据、云计算、人工智能、物联网、区块链等新一代信息技术，数字技术革命成为推动世界之变、时代之变、历史之变的重要驱动力。发展数字经济、数字金融是拥抱新一轮科技革命、开创新的技术—经济范式的必然选择。

一、发展数字金融的重大意义

2023年召开的中央金融工作会议提出做好科技金融、绿色金融、普惠金融、养老金融、数字金融五篇大文章，对数字金融高质量发展提出新要求。做好数字金融这篇大文章，需要抓住数字技术革命的机遇，推动金融与数字技术的有机融合，着力提升金融服务实体经济质效，强化系统性风险防控，不断满足经济社会发展和人民群众金融服务需求，加快建设金融强国。

发展数字金融的重大意义在于，借助大数据、人工智能、云计算、区块链等数字技术，数字金融可以通过降低金融服务成本、减少信息不对称，不断提高金融服务效率，增强金融服务的普惠性，提高金融机构的风险管理能力，全面提升金融服务实体经济的质效。

第一，数字金融能够提高金融服务的效率。通过广泛应用前沿数字技术，数字金融可以有效突破传统金融产品的空间界限和数量约束，创新金融机构的经营管理模式、流程和产品，提升扩大金融服务的效率和覆盖范围。一是新兴的金融科技公司能够提供灵活、高效、个性化的金融服务。金融科技公司在开展数字消费信贷和小额经营性贷款业务的过程中，运用大数据技术对用户进行画像，对违约概率的估计更加准确，能够提供更加个性化的金融服务，在提升融资效率的同时，将违约概率维持在较低水平。金融科技公司搭建的数字支付系统简化了交易过程，减少了交易时间和成本，提高了支付效率，进而提升了整个经济的运行效率。二是传统金融机构的数字化转型能够提升金融服务质效。一方面，数字金融的发展为信贷市场提供了新的产品与服务模式，为同质化的信贷市场注入新鲜血液，能够有效提升信贷市场的竞争强度和产品质量，推动金融市场高质量发展。另一方面，数字金融创新的大量数字化产品对传统金融机构的盈利模式造成冲击，并由此倒逼金融机构大力拓展盈利途径，开发更加多元化和市场化的产品，提高自身资产配置效率，继而提升金融市场运行效率。

第二，数字金融能够增强金融服务的普惠性。对于世界各国而言，向小微企业和低收入家庭提供有效的、可持续的金融服务都存在极大的挑战，而中国数字金融行业的快速崛起，证明在数字技术的赋能下，以移动支付、数字信贷等为代表的数字金融，能够有效克服地理障碍与传统风险评估的盲点，以较低成本向小微企业和各地各类人群尤其是欠发达地区和社会低收入者提供较为便捷的金融服务。近年来，数字金融在中国发展迅速，越来越多的农村居民和小微企业享受到便捷的金融服务。

第三，数字金融能够提高金融机构的风险管理能力。金融科技公司可以利用大数据减少信息不对称，增强风险识别与管理能力。一是减少商业银行的资产和负债之间的期限错配风险和流动性错配风险。数字金融的快速发展，大数据、人工智能和数字算法等前沿技术的引入，不仅推动了商业银行资产负债结构的迅速转变，而且促进了其负债结构的多元化转型。银行通过建立实时大数据动态风险评估框架，可以提高对自身资产负债期限结构和流动性结构的判断能力，继而降低资产负债到期损失，增强对流动性头寸数量的有效控制。二是补齐传统金融机构的量化风险管理短板。数字金融可以利用全域全时场景应用、大数据等技术，提升风险评估、反欺诈、金融服务合同分析、贷前审查和贷后管理等方面的风险管控能力。

二、我国数字金融发展的成就与短板

数字金融具有数字与金融的双重属性，能够加速资金、信息、数字等要素的自由流通与有效配置，矫正传统金融因信息不对称引发的市场失灵和金融割裂问题。数字金融业务模式和业态正在不断进化，目前主要包括数字货币、数字支付、数字信贷、数字证券、数字保险、数字理财等金融业态。近年来，我国数字金融发展成就卓著，在移动支付、数字信贷、央行数字货币、金融科技创新能力、金融科技企业价值等领域走在全球前列。

在移动支付领域，我国移动支付的应用和推广进展迅速。目前，我国两大移动支付平台的用户数均已超过10亿，是著名支付服务提供商PayPal全球用户数的3倍以上，移动支付普及率达到86%，居全球第一。

在数字信贷领域，我国数字信贷规模全球最大，大幅领先欧美国家。国际清算银行研究报告显示，全球数字信贷在2013年时仅为180亿美元，而到了2019年已达到7955亿美元，年均复合增长率为88.0%。2013—2019年，我国数字信贷规模年均复合增长率为125.1%，其中2019年我国数字信贷规模达到6267亿美元，占全球数字信贷总量的78.8%。

在央行数字货币领域，我国数字人民币推广应用加快，跨境结算取得积极进展。截至2024年5月末，数字人民币试点范围已扩大至17个省（区、市）的26个地区，覆盖应用场景越发丰富，交易金额加速上升；数字人民币累计交易金额达6.6万亿元，相较于2023年交易金额同比增长7.3倍。我国央行已深度参与多边央行数字货币桥项目，在系统建设与平台接入方面均具有先发优势。同时，中国人民银行提出的“无损”“合规”“互通”三大原则已经国际清算银行提议成为多边央行数字货币桥项目的基本原则。

在金融科技创新能力方面，中国金融科技专利申请量具有领先优势。自2018年以来，全球金融科技专利申请量突破34万件，中国和美国是金融科技行业技术创新的重要引领国，两国专利占全球的比重高达64.5%。从国别看，中国金融科技专利占比为44.3%，位列第一，美国以20.2%排名第二，韩国、日本分别以10.5%、6.9%排在第三、第四位。从金融科技专利持有人分布来看，排名前10位的专利权人中，有8家中国企业、2家美国企业。

在金融科技企业价值方面，中国金融科技独角兽企业在头部领域具有突出优势。《2023全球独角兽榜》显示，截至2022年12月底，在全球排名前10位的独角兽企业中，金融科技行业企业占据4家，其中最具价值的金融科技独角兽企业来自中国。

基于对中美数字金融发展的差异以及对中国数字金融发展特点的提炼，He et al.（2023）对研究中国金融科技高速发展的晚近文献进行了综述。他们发现，在现有文献当中，对这一现象的主要成因有以下几种流行观点：其一，从需求端看，由于中国的传统银行业不发达，特别是中小企业和消费者缺乏信贷渠道，大量未满足的需求促进了金融科技公司的进入（Chen，2016）。其二，从供给侧看，中国的数字平台企业获取了大量数据资源，并且利用新一代数字技术开发这些数据资源，较好地解决了信任问题，从而可以不依赖传统抵押品，向信用评分低或被排除在银行信贷之外的资金需求者提供金融服务，以促进金融服务包容性的提升。其三，从监管端看，中国的监管机构在早期对蓬勃发展的金融科技行业采取了极为友好的态度。例如，私营公司进入金融服务业没有受到严格限制（Allen et al.，2019）。

2020年2月，国际清算银行发布的研究报告《对金融科技的政策响应：一个跨国概览》提出“金融科技树”的概念，为分析中国数字金融发展的优势与不足提供了一个有益的框架（Ehrentraud et al.，2020）。所谓“金融科技树”，即把金融科技发展比作一株大树的成长：公共政策和制度框架是“树根”，对金融科技发展有着基础性作用；核心技术是“树干”，决定着金融科技发展的高度和潜力；具体的市场供需与交易行为是“树梢”及附着其上的“枝叶”，代表着一个经济体金融科技产业的总体规模和繁荣程度。

总体而言，中国金融科技的竞争优势主要体现在“树梢”层面，即数字技术驱动的供给能力提升与庞大的市场需求相结合产生的海量市场交易活动。特别是中国消费者对新兴服务业态的包容和开放有利于数字金融市场规模的拓展，为新一代数字技术在金融服务领域的大规模应用提供了巨大的市场机会，从根本上推动了金融科技企业的快速成长。而在“树干”层面，中国的成功之处在于，紧密围绕市场需求，有效激发企业家精神，利用数字技术开展从1到N的流程创新，实现了新技术、人力资本和应用场景的有效结合。相较而言，中国的短板则在于底层核心技术研发能力与世界前沿水平有明显差距，存在受制于人的风险。此外，在“树根”层面的制度结构上，我国仍需朝着更具韧性的方向持续深化改革，用改革红利催生发展新动能。特别是数字金融的快速发展超出了现有监管框架的适应范围，导致监管政策未能有效覆盖新兴业务模式，从而无法有效管理和控制相关风险。

具体而言，在核心技术研发层面，金融科技领域的大多数新概念，如人工智能、哈希加密算法、云计算等均发源于美国，一批大型科技企业推动了美国底层基础技术的持续创新，推动了科技与金融的深度融合。相较之下，中国金融科技领域的基础研发投入严重不足，人才供给亦难以满足需求，导致核心技术的创新速度较为缓慢。此外，新冠疫情的暴发给全球各国的金融数字化转型按下了“快进键”，推动世界各国政府和科技企业朝着支持数字优先和发展无接触金融服务的方向前进。中国数字金融的发展模式正在被快速学习模仿，海外大科技公司均以较大的力度通过数字支付切入金融服务领域，全球业务布局取得新进展，我国数字金融的竞争优势面临新挑战。

在制度与政策体系方面，我国长期存在金融压抑，市场竞争尚不充分，从而形成明显的制度性利差和高额的“租金”，导致企业家利用各种办法钻制度的空子，寻求监管套利，分享垄断利润，从而导致科技的力量用于寻租等非生产性活动，带来风险隐患。此外，欧美在数据治理方面的新规陆续出台，可能通过联手形成全球数据治理标准，加上国家顶层设计的重构和优化，将给我国金融科技发展带来严重冲击。特别是在数据采集（包括人脸识别）、集中、交易、应用等方面不合规和底层技术不过关的情况下，我国大科技公司原有的竞争优势在数字新规下就可能难以保持，从而完全被束缚在本土，无法参与国际竞争，甚至不得不从原本占据一席之地的国际市场回撤。

三、我国数字金融发展的总体思路

如前述国际清算银行学者所说，数字金融的发展过程就像一棵树的成长过程，培育大树是一项系统工程，不仅需要肥沃的土壤，也需要适宜的阳光雨露。做好数字金融这篇大文章，必须以金融生态建设为抓手，紧紧围绕提质增效和防控风险总目标，探索我国数字金融发展新路径。推进金融生态建设，就是要在“以义取利，不唯利是图”的金融文化之下，探索兼顾政策目标、科技伦理、社会责任和商业可持续性的中国特色数字金融发展新路径。具体地说，要通过合理的激励与监督机制设计，推动金融机构、科技企业、监管部门、中介机构、消费者、金融基础设施和司法机关等各类数字金融参与主体协同配合，合作共赢，推动金融与数字技术、产业发展更加紧密地融合，使得中国数字金融这株大树百年长青。政府在其中要发挥纽带作用，要完善开放合作生态与创新链条，促使各类金融机构、技术企业、科研机构更好地开展互补融合，引导跨部门、跨区域、全链条的新技术健康发展与迭代。

具体而言，完善数字基础设施，提升数字化监管能力，加强数字技术原始创新，参与全球数字规则制定，持续推动场景创新，锻造强大的数字金融人才队伍，都是推动数字金融高质量发展和助力金融强国建设的重要战略举措。

第一，完善数字基础设施，促进数字金融均衡发展。目前，我国数字金融的布局与发展仍不平衡，经济欠发达地区及乡村的数字化技术使用在提高金融服务匹配度方面的效率和质量不高。因此，必须加快完善数字基础设施，以区块链、大数据、云计算、安全多方计算、联邦学习等数字科技为基础，构建安全、合规、统一的数据要素平台，推进区域数据中心集约化建设，加快大数据传输通道建设，不断提升数据传输能力。深入落实数字乡村行动计划，加快农村地区数字金融体系建设，进一步完善农村地区数字基础设施，开展征信体系、涉农大数据、农业技术服务与培训，做好“线上+线下”业务。中西部地区可考虑建设超大数据处理中心，通过“东数西算”降低东部地区数据处理成本，实现东中西部数字基础设施协同发展。

第二，提升数字化监管能力，防范化解金融风险。数字金融风险叠加了数字风险与金融风险，数字风险涉及网络安全风险、数字技术应用风险、信息基础设施风险和数据风险等，金融风险涉及信用风险、市场风险与流动性风险等。数字金融涉及复杂的信息结构、相互关联的信息系统、海量的数据，大大增加了风险监测的难度。同时，数字金融产品迭代速度快，随之而来的不同阶段的风险形态也会发生迅速变化，进而加大风险识别难度。因此，必须切实提高金融监管有效性，依法将所有金融活动纳入监管，全面强化机构监管、行为监管、功能监管、穿透式监管、持续监管，消除监管空白和盲区，坚决惩治违法犯罪和腐败行为，严防道德风险。深入推进和有序协调数字金融发展创新试点、数字金融监管工具试点和服务示范区、金融业务与科技服务风险隔离机制等工作，有效释放金融改革动力。强化系统性风险监测，建立健全数字金融风险监测与评估机制，实现风险早识别、早预警、早暴露、早处置，牢牢守住不发生系统性金融风险的底线。

第三，加强数字技术原始创新，提高平台企业的国际竞争力。大力提升数字技术自主创新能力，尽快突破关键核心技术。充分发挥新型举国体制优势、超大规模市场优势，以深化供给侧结构性改革为主线，深化科技体制改革，激发自主创新的动力和活力，实施多领域、多部门、多形式联合攻关，打好关键核心数字技术攻坚战。加大数字孪生、人工智能、量子计算等领域的科技研发力度，着力实现前瞻性基础研究、引领性和颠覆性原创成果的重大突破，抢占未来数字金融发展的技术先机和主动权。进一步优化融资结构，更好地发挥资本市场的枢纽功能，推动股票发行注册制走深走实，发展多元化股权融资，培育一流投资银行和投资机构，为科技创新提供金融支持。

第四，积极参与全球数字规则制定，完善全球数字治理体系。充分发挥自由贸易试验区先行先试的作用，支持自由贸易试验区率先对标国际高水平数字经贸规则，加快推进加入《数字经济伙伴关系协定》（DEPA）和《全面与进步跨太平洋伙伴关系协定》（CPTPP），建立与国际高标准数字经济规则衔接适应的规则体系、管理标准等制度体系，提升在数字经济国际规则竞争中的话语权和规则制定权。加强知识产权保护、数字隐私保护、数据跨境流动和数据存储等重点领域规则探索，积极就人工智能发展原则、数字伦理、数字贸易与数字关税规则等问题与世界各国开展深度合作，探索各方易于接受的共同规则。在竞争监管等领域加强各国之间的政策沟通协作，促进各国数字监管政策的兼容性和一致性。着力推进金融高水平开放，稳步扩大金融领域制度型开放，确保国家金融和经济安全。加强国际交流合作，前瞻性地考虑面向全球的规则、技术、标准、认证和平台搭建，推动建立稳定、平等、均衡、包容的全球数字治理体系。

第五，推动科技企业与金融机构分工协作，以场景金融来突破金融科技应用“最后一公里”，巩固我国数字金融发展在场景创新上的优势地位。伴随数字化、智能化的发展，几乎所有与实体经济相关的金融活动都将体现更突出的场景特色。要在合规前提下不断深化参与各方的共享共赢、生态共进。大型金融机构应发挥带动作用，加强金融科技共性技术、资源和服务的开放合作；不断完善金融机构与科技企业合作共同体，努力提升风险可控下的协同创新绩效。科技企业的研发活动要注重推动技术与多元化场景的深度融合，产生更大的规模效应、协同效应、网络效应。

第六，加大跨学科交叉培养力度，锻造强大的数字金融人才队伍。在新技术浪潮的推动下，我国迫切需要一大批既精通数字技术，又熟悉金融知识的复合型、交叉型金融人才来引领金融数字化转型，推动金融竞争力提升。要在党中央集中统一领导下，加快人才培养、选拔、使用和退出制度改革，优化金融人才建设体系，使金融管理部门、金融机构、科技企业、高校等方面协同发力，打造一批金融机构、高校和企业联合培养，产学研用协同攻关的复合型金融人才队伍，助力构建实体经济、科技创新、现代金融和人力资源协同发展的现代化产业体系。

Chapter 8

第八章

金融强国的根本保障

金融强国建设需要调动一切积极因素，需要各方面力量的支持和保障。稳固高效的多层次保障支撑体系是金融强国建设的重要动力。首先，中国特色社会主义最本质的特征就是坚持中国共产党的领导，党中央对金融工作的集中统一领导是中国特色金融发展之路的最大特色，也是建设中国特色金融强国的最根本保障。其次，人才是实现民族振兴、赢得国际竞争主动的战略资源，金融业是人力资本密集型产业，强大的金融体系要靠强大的金融人才队伍来建设。再次，文化是国家发展的根脉与魂脉所在，金融文化决定了金融业的核心价值观，中国特色金融强国建设离不开中国特色金融文化的滋养。最后，现代市场经济是法治经济，现代金融体系建立在强有力的法治保障之上，中国特色金融强国建设同样需要法治的坚强保障。

第一节

坚持党中央对金融工作的集中统一领导

中国式现代化，是中国共产党领导的现代化；中国特色金融发展之路，是在中国共产党领导下开拓出来的金融发展道路。锚定全面建成社会主义现代化强国奋斗目标，一代代中国共产党人接续奋斗，坚持以马克思主义为指导，同时又不断赋予其鲜明的中国特色和时代内涵，将党的领导嵌入国家治理机制，最大限度凝聚社会共识，调动各方面积极因素，创造性地运用国家信用，注重发挥市场在资源配置中的决定性作用，不断把党的领导的政治优势和制度优势转化为金融治理效能。

一、中国共产党始终高度重视金融工作

中国共产党在各个历史时期始终高度重视金融工作，不断加强和改进党对金融工作的领导。新民主主义革命时期，毛泽东同志就强调，“认识贸易、金融、财政是组织全部经济生活的重要环节，离了它们，或对它们采取了错误方针，全部经济生活就会停滞，或受到障碍”[1]。社会主义建设时期，毛泽东同志进一步强调，“各中央局主要负责同志必须亲自抓财政、金融、经济工作，各中央局会议必须经常讨论财经工作”[2]。党对金融工作的领导确保了党的政策在金融工作中得到有力的贯彻落实。改革开放时期，我们党更加重视金融工作，邓小平同志指出，金融是现代经济的核心。在金融改革发展的重要关头，党中央多次召开全国金融工作会议，研究解决金融领域带有全局性的重大问题，推动金融更好地为经济社会发展服务。

[1]　中共中央文献研究室. 毛泽东文集：第3卷[M]. 北京：人民出版社，1996：125.

[2]　中共中央文献研究室. 毛泽东文集：第6卷[M]. 北京：人民出版社，1999：59.

党的十八大以来，习近平总书记强调，加强党中央对金融工作的集中统一领导是做好金融工作的根本保证[1]，并明确要求各级领导干部增强金融思维和金融工作能力。立足新时代新征程，以习近平同志为核心的党中央发挥总揽全局、协调各方的核心作用，深化金融管理体制改革，破除既得利益的藩篱，突破部门与地方的能力局限，避免货币金融政策的碎片化和零散化，从而使各个监管部门、各类货币金融政策和各级党委政府朝着党中央确定的金融发展目标协同发力，推动新时代金融工作取得一系列新成就，实现一系列新突破。其中特别重要的是，党中央积极探索新时代金融发展规律，不断加深对中国特色金融本质的认识，不断推进我国金融实践创新、理论创新、制度创新，积累了宝贵的经验，逐步走出一条中国特色金融发展之路。

二、坚持党中央对金融工作的集中统一领导的重要意义

在中国特色金融发展之路上，以习近平同志为核心的党中央坚持以人民为中心的发展思想，始终总揽全局、协调各方，推动我国金融业沿着满足人民群众和实体经济的金融服务需求这一正确方向阔步前行。坚持党中央对金融工作的集中统一领导是中国特色金融发展理论最核心、最本质的理论，是对西方经济金融理论的超越。这既充分体现出金融发展的政治性，也是中国金融高质量发展的特色和优势所在。

首先，党中央对金融工作的集中统一领导对完善金融宏观调控决策机制尤为重要。一方面，这有利于凝聚党内共识，提升经济金融政策的执行效率；另一方面，可以发挥党的领导在解决部门之间、中央和地方之间分歧方面的优势，将不同部门、不同层级整合到同一目标下，避免政策效果抵触或留有空白。

其次，党中央集中统一领导具有维护国家信用、统领财政与金融、发挥两者协调配合作用的天然制度优势。一方面，中国开发性金融在全球范围内的异军突起，

[1] 中共中央党史和文献研究院. 习近平关于金融工作论述摘编[M]. 北京：中央文献出版社，2024：30.

既是创造性地运用国家信用的实践成果，也是兼具财政与金融双重功能、运行于政府与市场之间的金融创新；另一方面，面对所谓的“金融风险财政化”“财政风险金融化”，党的领导有利于在制度层面压实各方责任，“谁家的孩子谁来抱”，统筹应对财政金融风险的互溢。与此同时，党中央集中统一领导也有利于加强财政政策与货币政策的协调配合，在逆周期调节、稳定经济大盘中发挥“1+1>2”的作用。

最后，加强和完善党中央集中统一领导，有利于促进金融治理现代化。重点是将党的领导嵌入国家治理机制，协调好政府、市场、社会三者之间的关系，这包括：减少政府干预，发挥市场在风险定价和金融资源配置中的决定性作用；超越“发展型政府”，构建“创新型政府”，更好地发挥政府在促进金融更好服务实体经济、规范金融发展方面的作用；注重发挥社会（人民）的力量，着力加强对资本、平台经济、金融科技、通用人工智能等的社会监督。

三、如何更好地坚持党中央对金融工作的集中统一领导

在实现第二个百年奋斗目标的新征程上，国际环境更加复杂多变，国内发展不平衡不充分的矛盾依然突出，这对金融工作的系统性、权威性、协同性提出了更高的要求。金融工作必须统筹两个大局，通盘考虑政治、经济与社会，平衡把握改革、发展、稳定与安全。在新的形势下，党的领导坚持得好不好、党的建设搞得好不好，事关金融系统的凝聚力、战斗力，决定着金融事业的兴衰成败。坚持金融工作的政治性、人民性，最关键的是要坚持党中央对金融工作的集中统一领导，将党的领导贯穿金融工作的全过程、各方面，确保金融业发展的正确方向。

站在新的历史起点上，我们把党中央对金融工作的集中统一领导作为中国特色金融发展之路的最大制度优势，长期坚持并不断加以丰富和完善。2023年3月，中共中央、国务院印发的《党和国家机构改革方案》决定组建中央金融委员会和中央金融工作委员会。这是强化党中央对金融工作的集中统一领导的最新重大战略

举措。

做好新发展阶段的金融工作，要以党的二十大精神为指导，坚持金融工作的政治性、人民性，发挥党在金融工作中总揽全局、协调各方的领导核心作用。要在新设立的中央金融委员会、中央金融工作委员会等制度框架之下，不断健全金融稳定和发展的顶层设计、统筹协调、整体推进、督促落实，研究审议金融领域重大政策、重大问题，指导金融系统党的政治建设、思想建设、组织建设、作风建设、纪律建设，为走好中国特色金融发展之路提供有力的制度保障。

第一，全面贯彻党的二十大精神，不断完善党中央领导金融工作的体制机制。要健全党中央决策部署和习近平总书记关于金融工作的重要指示批示精神的落实督办机制，确保党中央关于金融工作的大政方针和决策部署得到全面贯彻落实。中央金融委员会要发挥好决策议事协调机构的作用，中央金融工作委员会要统一领导金融系统党的工作，中央金融管理部门要依照法定职责承担监管主体责任，积极发挥专业优势和履行行业管理职责，共同推动建立科学高效的金融稳定保障体系。进一步强化地方党委对金融机构党组织的领导，建立健全地方党政主要领导负责的重大风险处置机制，发挥好地方党委金融委员会和金融工作委员会的作用，落实属地责任。

第二，充分发挥党领导金融工作的制度优势，提高货币金融政策的系统性、科学性、有效性。加强党中央及其经济金融工作部门对货币金融政策的评估督导，强化财政、货币、就业、产业、区域、科技、环保等政策的协调配合，在决策和施策过程中加强经济宣传和舆论引导，有效增强市场预期，稳定市场信心。以统筹发展和安全为重大原则，在党中央集中统一领导下，健全国家安全部门与经济金融部门之间的沟通、协调及配合机制，形成权威高效、灵活顺畅的发展和安全工作统筹协调机制和指挥体系，办好发展和安全两件大事。

第三，将党的领导嵌入国有金融机构的公司治理架构之中，完善中国特色现代金融企业制度。重点是要深化党建与公司治理有机融合，加强党对国有金融机构的领导，将党的领导作为中国特色现代金融企业制度的最大特色加以坚持和完善，发挥党的领导在确保正确方向和道路上的决定性作用，切实履行好国有金融资产保值增值责任，维护好所有股东的权益和广大人民的根本利益。要压紧压实金融系统各级党组织全面从严治党主体责任，坚决铲除金融腐败滋生的土壤和条件。

第四，坚持不懈用习近平新时代中国特色社会主义思想凝心铸魂，加快构建中国自主的金融学知识体系。要加强对习近平经济思想金融篇的研究阐释宣传，深入推进习近平总书记关于金融工作重要论述的学理化体系化进程，全面总结中国特色金融发展之路的伟大实践，讲好中国金融发展故事，构建中国特色社会主义金融理论体系，加强金融智库建设，提升我国金融学科的国际话语权和影响力，做到“有理说得清，说了传得开”。

第二节

建设高素质专业化金融人才队伍

世间一切事物中，人是第一可宝贵的。国家发展靠人才，民族振兴靠人才，各行业、各领域的兴旺发达归根到底也都要靠人才。深入实施人才强国战略是党的二十大作出的一项重要战略部署。这一重大战略的出台充分表明，人才是全面建设社会主义现代化国家的基础性、战略性支撑，人才队伍建设在以中国式现代化推进强国建设、民族复兴伟业进程中具有不可替代、不容低估的重要地位。

一、我国金融人才队伍现状与问题

金融是国民经济的血脉，是国家核心竞争力的重要组成部分。与此相对应，金融人才也是我国人才体系中不可或缺的重要组成部分，是推动我国金融高质量发展的关键力量。党的十八大以来，在党中央集中统一领导下，我国金融系统积极创新人才发展体制机制，不断优化人才发展环境，初步形成了一支规模较大、门类较全的金融人才队伍，有力地推动了我国金融改革发展稳定各项工作，为如期全面建成小康社会、实现第一个百年奋斗目标作出了重要贡献。

当前，我国金融人才队伍总体呈现出“大而不强”的特点。首先是“大”。截至2022年底，我国城镇非私营单位金融业从业人数为739.6万人，占总就业人数的4.43%。与之相对应，美国的金融业从业人数占比为4.22%，德国则为2.35%。这说明目前我国金融业人才队伍的规模不落后于发达国家，甚至有所超越。其次是“不强”。从受教育年限来看，2022年，我国金融业从业人员的平均受教育年限仅为

14.81年，即还未达到大专水平，而美国则超过16年[1]。这说明我国当前金融人才队伍的整体素质还有很大的提升空间。

从技能结构来看，人力资源招聘公司Michael Page（中国）发布的《2018年中国金融科技就业报告》显示，92%的受访金融科技企业发现，中国目前正面临严重的金融科技专业人才短缺问题；85%的受访雇主表示，他们遇到招聘困难；45%的受访雇主表示，他们面临的最大招聘困难是难以找到符合特定职位需求的人才。许多金融业从业人员习惯于传统的金融业务模式，缺乏对新技术的敏锐嗅觉和应用能力。这在一定程度上限制了金融创新的步伐。比如，在区块链、大数据等新兴技术的应用方面，国内金融机构的创新能力和应用水平有待提高。

从国际化程度来看，具有国际视野和跨文化沟通能力的金融人才依然不足。许多金融业从业人员的外语水平不高，尤其是在专业金融术语的使用上存在较大差距。具有海外留学或工作经历的金融人才比例较低，这限制了他们在国际市场上的竞争力和适应能力。

从队伍的稳定性来看，《2016年中国金融人才发展报告》研究了我国各行业从业人员的平均在职时间，其中制造业为38.5个月，高科技行业为32.2个月，金融业仅为28.3个月，而发达国家金融业从业人员的平均在职时间为54个月。此外，证券业和其他金融活动领域的人才需求波动较大，受市场和政策影响显著。这说明中国的金融业从业人员流动性较大，人员频繁的流入流出不利于人才的培养，也不利于项目的对接与深入推进，从而有碍于维持一个稳定健康的金融环境。

从人才的分布结构来看，一线城市（如北京、上海）的金融人才相对集中，而二、三线城市的金融人才储备相对薄弱，导致区域间金融发展的不平衡。《中国城市统计年鉴2019》的数据显示，北京和上海的金融业从业人员总数占全国的20%以上，而在中西部地区这一比例不足15%。部分二、三线城市缺乏吸引和留住金融人

[1] BLS.Educational attainment for workers 25 years and older by detailed occupation[EB/OL].（2024-08-29）[2024-09-01].https://www.bls.gov/emp/tables/educational-attainment.htm.

才的政策支持，导致人才流向一线城市。政策支持的不足导致二、三线城市在金融人才引进和培养方面面临较大困难，难以形成有效的人才吸引力。

二、我国金融人才队伍建设总体思路

当前，世界百年未有之大变局加速演进，金融领域的大国博弈日趋激烈，对国际化高端金融人才的需求进一步增加。同时，新一轮工业革命正在兴起，要求我们锻造一支跨学科、复合型金融人才队伍。从国内看，要使中国特色金融发展之路越走越宽广，就必须锻造一支既熟悉马克思主义金融理论，又了解当代中国具体实际，并且有能力传承发展中华优秀传统文化的金融人才。以上所有方面，都对金融人才队伍建设提出了新的要求。

中央金融工作会议明确指出，做好当前和今后一个时期的金融工作必须以加快建设金融强国为目标，以推进金融高质量发展为主题，以深化金融供给侧结构性改革为主线，以金融队伍的纯洁性、专业性、战斗力为重要支撑，以全面加强监管、防范化解风险为重点。会议还提出，要坚持政治过硬、能力过硬、作风过硬标准，锻造忠诚干净担当的高素质专业化金融干部人才队伍。这些表述说明，在朝着加快建设金融强国目标前进的过程中，无论是金融发展质量的提高、金融供给侧结构性改革的深化，还是金融风险的防范化解，都需要一支高质量的金融人才队伍去实施、去推进。只有把金融人才队伍这个重要支撑力量真正夯实，我们的金融强国建设才能扎实有效、一步一个脚印地朝前推进。

深刻领会金融队伍的纯洁性、专业性、战斗力的丰富内涵，是做好新时代新征程我国金融人才队伍建设工作、以高质量金融人才队伍有力支撑金融强国建设的重要前提。

纯洁性是政治要求，即新时代的金融人才队伍建设必须深化金融从业者对金融工作政治性和人民性的认识，拥护党中央对金融工作的集中统一领导，牢固树立人民至上的价值理念，深刻把握中国特色金融发展之路的本质。同时，要通过惩治金融领域腐败和处置金融风险同步推进、严肃追责和追赃挽损同步推进、建立制度和强化制度执行同步推进，筑牢“防火墙”，加强金融系统党的建设，强化全面从严治党严的氛围。

专业性是业务能力要求，即新时代的金融人才必须能够准确把握金融发展的本质和规律，掌握金融业及其相关领域（如经济、法律、会计、科技、社会等）的基础知识、基本业务流程、核心能力，了解国内外金融实践的新变化、新趋势、新动向，有过硬的专业能力。

战斗力是作风要求，即新时代的金融人才必须经受严格的思想淬炼、政治历练、实践锻炼，直面风高浪急甚至惊涛骇浪的考验，在复杂严峻的斗争中经风雨、见世面、壮筋骨，在矛盾冲突面前敢于迎难而上，同时把握好斗争策略，破解金融改革发展稳定各类难题，同时办好金融发展和金融安全两件大事。

当前和今后一个时期推进我国金融人才队伍建设，必须坚持和加强党的全面领导，以习近平新时代中国特色社会主义思想为指导，全面贯彻党的二十大精神，完整、准确、全面贯彻新发展理念，坚持政治过硬、能力过硬、作风过硬标准，以奋发有为的精神状态、扎实有效的工作举措，全面落实中央金融工作会议精神，不断提高金融人才工作质量，确保我国金融队伍的纯洁性、专业性、战斗力。

以上述要求为基本遵循，我国的金融人才队伍建设需在以下四个方面着力。

第一，聚焦金融高质量发展的新领域、新赛道，研究未来我国金融发展对人才的需求演变趋势。特别是要围绕中央金融工作会议的部署（比如做好科技金融、绿色金融、普惠金融、养老金融、数字金融五篇大文章，推动股票发行注册制走深走实，培育一流的投资银行和投资机构，等等），梳理当前和今后一个时期我国金融人才需求的总体规模、基本结构和重点领域，为金融人才队伍建设明确战略愿景。在此基础上，进一步搞清楚未来我国金融高质量发展所需要的人才知识结构。比如，要做好科技金融、绿色金融、普惠金融、养老金融、数字金融五篇大文章，除了掌握基本的金融知识之外，还必须熟悉国内外科技创新的演进规律，绿色发展的总体格局，共同富裕和共享发展的新形势新要求，人口老龄化和人口总量达峰带来的金融服务需求变化，以及数字技术和数据要素对金融业发展的冲击效应等专门化知识。

第二，加快培育和开发紧缺人才，完善金融人才评价体制。要完善紧缺金融人才培养和使用政策，在科技金融、绿色金融、普惠金融、养老金融、数字金融等重点领域采取有效措施鼓励金融机构与高校、科研院所加强合作，建立校企联动的紧缺急需金融人才培养模式。同时，积极引导金融机构开展紧缺急需和重点专业领域人才专项培训工作。要加快构建符合我国国情的金融人才评价标准体系，建立由党政机关、金融管理部门、金融机构、行业组织、专家学者、优秀人才、人力资源服务机构等代表组成的专业化金融人才评价专家库，探索建立金融人才分类分层分级评价体系。

第三，在金融人才建设领域深化供给侧结构性改革，激发金融人才创新创业创造活力。关键是使政府和市场两只手协同发力，共同破除体制机制障碍，推动金融人才体制机制改革。一要强化党和政府在金融人才总体规划、宏观管理、法治建设和公共服务方面的重要作用。二要充分调动用人主体在金融人才培养、吸引和使用中的积极性、主动性和创造性。三要逐步打破户籍、地域、身份、学历、人事关系等制约，促进人才资源合理流动、有效配置，建设统一、开放、竞争、有序的金融人才市场体系。

第四，加大金融人才服务体系建设力度，为金融人才干事创业营造良好环境。要充分发挥政府、社会组织和企业等各方面的积极作用，着力建设功能完备、高效便捷的金融人才服务体系。一要健全包括组织任命、公开遴选、校园招聘、海外引进、网络招聘等在内的金融人才资源配置体系。二要搭建并完善金融人才服务平台，为金融人才引进、政策咨询、培训交流提供专业化、公益性服务。三要组织引导高端智库、科研院所和高校开展有关金融人才的前瞻性、针对性、储备性政策研究，为我国金融人才政策提供咨询建议。

第三节

积极培育中国特色金融文化

文化关乎国本、国运。习近平总书记深刻指出："文化的力量，或者我们称之为构成综合竞争力的文化软实力，总是'润物细无声'地融入经济力量、政治力量、社会力量之中，成为经济发展的'助推器'、政治文明的'导航灯'、社会和谐的'黏合剂'。"[1]这一重要论断表明，文化对于国家发展和民族振兴有着重要而深远的意义，经济、政治和社会发展都离不开文化的支撑和推动。正因为文化是国家发展的深层次动力，故而文化对金融发展的价值取向、行为逻辑和运行轨迹必然产生持久和深远的影响。

2023年召开的中央金融工作会议指出，党中央把马克思主义金融理论同当代中国具体实际相结合、同中华优秀传统文化相结合，努力把握新时代金融发展规律，持续推进我国金融事业实践创新、理论创新、制度创新，奋力开拓中国特色金融发展之路。这说明，中华优秀传统文化是我们开拓形成中国特色金融发展之路的重要思想源泉，这条金融发展之路之所以具有鲜明的中国特色，与中华优秀传统文化的浸润滋养是分不开的。

我们要弘扬马克思主义优良学风，在继承中华优秀传统文化精髓的基础上，吸收借鉴现代金融文化、金融伦理和金融哲学中的精华，坚持法治和德治相结合，积极培育中国特色金融文化，为推动金融高质量发展、建设金融强国筑牢文化根基。

2024年1月，习近平总书记在省部级主要领导干部推动金融高质量发展专题研讨班开班式上系统阐述了中国特色金融文化的丰富内涵：诚实守信，不逾越底线；以义取利，不唯利是图；稳健审慎，不急功近利；守正创新，不脱实向虚；依法合

[1]　习近平.之江新语[M].杭州：浙江人民出版社，2007：149.

规，不胡作非为[1]。这一深刻阐释，既吸收了中华优秀传统文化精髓，又彰显了现代金融元素、金融理念、金融精神，是“两个结合”特别是“第二个结合”在金融领域的生动反映。

第一，诚实守信，不逾越底线，就是将诚实守信作为金融发展运行的基础与核心。信用是金融发展的基石。所谓信用，是指在得到或提供货物或服务之后并不立即给予报酬，而是许诺在将来给予报酬的行为。在货币出现之后，信用的主要载体便是货币。人们之所以愿意持有和使用政府发行的纸币，归根到底是因为人们对政权稳定、政府诚信的信心。我国自古就有以诚为本、以信为先的文化传统。北宋时期世界最早的纸币——交子在我国的诞生和推广，就与百姓和商户尊重契约、恪守信用的行为密不可分。而在欧洲国家的金融革命中，无论是国债规模的扩张、资本市场的发展还是现代商业银行的形成，都起到了有力扩张政府与私人部门信用的作用，以信用扩张推动了资本积累，催生了工业革命（殷剑峰，2023）。

在我国的金融强国建设中，要传承和发展言必信、行必果，以诚为本、以信为先等中华优秀传统文化，借鉴世界性金融强国信用体系建设的有益经验，在社会主义市场经济条件下加快建设具有中国特色的诚信文化和信用体系，引导金融机构和金融从业者坚持契约精神，恪守市场规则和职业操守，珍惜信誉，加强行业自律，降低金融交易成本，提高失信成本，以完备可靠的信用体系支撑金融高质量发展。

第二，以义取利，不唯利是图，就是将以义取利作为金融工作和金融活动的基本价值取向。义利之辩是贯穿中国思想史的一个重要话题。比如“君子喻于义，小人喻于利”“不义而富且贵，于我如浮云”“国不以利为利，以义为利也”等，都是家喻户晓、深入人心的名言，强调义在利先、义利兼顾。金融具有功能性和营利性双重属性。所谓功能性，是指金融活动所肩负的经济功能、社会责任和国家使命，也就是“义”。所谓营利性，则是指金融活动参与者通过金融活动能够获得一定的经济利益，也就是“利”。只有处理好功能性和营利性、义和利的关系，才能

[1] 坚定不移走中国特色金融发展之路 推动我国金融高质量发展[N].人民日报，2024-01-17（1）.

明确中国的金融工作应当遵循什么样的价值取向、确立什么样的行为目标、要干些什么、应当怎么干。

以义取利，不唯利是图，就必须传承和发展富民厚生、义利兼顾，见利思义、义在利先等中华优秀传统文化，引导金融行业以满足人民群众和实体经济的金融需求为价值导向，履行好社会责任，发挥好经济功能，在服务国家战略、助力现代化建设进程中实现金融与经济、社会、环境共生共荣，获取自身可持续发展所需的经济利益。

第三，稳健审慎，不急功近利，就是将稳中求进作为金融工作的总基调。中华优秀传统文化强调“欲速则不达，见小利则大事不成”。金融业要实现基业长青，就必须在经营活动中坚持稳健审慎的原则，不仅看当下，更看长远。国际上那些基业长青的金融机构都做到了这一点。反过来看，一些金融界的“百年老店”一旦在经营观上偏离了稳健审慎原则，就可能急功近利，给自身发展带来无尽的隐患。例如，成立于19世纪的法国里昂信贷银行一度是全世界最大的银行，是20世纪初叶全球金融界的“巨无霸”。但20世纪80年代以后，该银行不顾自身有限的风控能力，采取过度的业务扩张战略，通过融资、新型金融工具等途径力图实现跨行业和跨国扩张，结果导致扩张速度与风险管理脱节，坏账不断积累，濒临破产（姜建清，2018）。

为了切实推进金融强国建设，我们要充分汲取古今中外正反两方面的经验和教训，引导金融行业树立正确的经营观、业绩观和风险观，坚持稳中求进，避免急躁冒进，使风险承担与自身能力相匹配。要未雨绸缪、居安思危，把握好快和稳的关系，坚持稳字当头，以进促稳，先立后破，在稳定大局的前提下，深化金融供给侧结构性改革，确保货币金融活动稳健有力，推动金融发展行稳致远。

第四，守正创新，不脱实向虚，就是牢记初心使命，把创新作为金融发展的第一动力。守正创新是辩证统一的。守正，是为了解决好金融为谁服务、为什么创新的问题。创新，是实现守正的根本动力，是满足实体经济和人民群众的金融需求的途径和手段。进入新时代以来，我国金融在新一代数字技术的驱动下不断实现产品创新、场景创新、组织模式创新，在支付、信贷、理财、保险等方面更好地满足了人民群众和中小微企业的需要，有力提升了我国金融体系的普惠性。这就是守正创新的一个生动案例。

在金融强国建设征程上，要守正不守旧、不惧新挑战，把握好守正和创新的关系，引导金融行业在牢牢把握金融工作的政治性、人民性的前提下，围绕更好地服务实体经济、便利人民群众推动金融创新，通过创新更好地践行初心使命，统筹推进经济和金融高质量发展。重点是在市场化法治化轨道上推动金融创新发展，力戒脱实向虚，不断提高金融服务实体经济的质量。

第五，依法合规，不胡作非为，就是坚持底线思维，坚守法规底线。中华优秀传统文化强调“不以规矩，不能成方圆”。金融交易涉及复杂多样的权利义务关系，特别讲究依法合规，必须建立完善的金融法律和市场规则体系，有禁必止、违法必究。唯有如此，方可保障金融体系健康运行。

为了给金融强国建设保驾护航，我们要坚持以制度建设为主线，把该扎的篱笆扎牢、把该建的“防火墙”尽快建起来。完善金融从业人员、金融机构、金融市场、金融运行、金融治理、金融监管、金融调控的制度体系，规范金融运行。具体看，一方面，要将依法合规作为金融活动的底线要求，及时推进金融重点领域和新兴领域立法，坚决惩治违法犯罪和腐败行为，铲除违法违规行为滋生的土壤。另一方面，必须要求金融机构和从业人员严格遵纪守法，遵守金融监管要求，自觉在监管许可的范围内依法经营，要用德治和法治相结合的办法完善制度和政策框架，让撞红线、冲底线和游走于法外的人付出沉重的代价，不断增强金融行业的规矩意识、法治意识。

源浚者流长，根深者叶茂。中华优秀传统文化蕴含着取之不尽的智慧，中国特色金融文化为金融系统注入传承传统、积极向上的文化基因，指明了提升金融软实力、建设金融强国的前进方向。金融机构和从业人员以及各级领导干部要内化于心、外化于行，做中国特色金融文化的积极传播者和模范践行者，把习近平总书记提出的五个方面实践要求，扎扎实实落实在本职岗位上、具体行动中，为金融高质量发展夯实文化之基、铸牢文化之魂。

以习近平总书记概括的五大实践要求为方向，理论界要进一步探索中华民族在长期经济社会活动中凝聚而成的道德观、是非观、义利观、经营观、治理观和创新观的思想精髓，古为今用，坚持创造性转化、创新性发展，寻求其与现代社会相协调、适应金融高质量发展要求的精神养分。同时，要从金融经营、金融治理两个角度系统梳理、总结中国传统的金融思想文化和中国共产党领导下的红色金融文化，不断夯实研究基础，丰富研究方法，多出高质量研究成果，为“中国特色”“中国道路”贡献历史智慧。如同黄达（2020）所强调的，“将中华文化传统的精华渗入货币金融理论”，作出“中国特点、中国风格、中国神韵”的贡献。

第四节

加强金融法治建设

习近平总书记在2023年中央金融工作会议上强调，要加强金融法治建设，及时推进金融重点领域和新兴领域立法，为金融业发展保驾护航[1]。

一、加强金融法治建设的重大意义

市场经济本质上是法治经济，高水平社会主义市场经济体系需要建立在法治的基础上。在市场经济条件下，要素依据价格信号变化和供求关系调整，实现自由流动和有效配置。其中，以法律形式明确规定下来的市场经济若干基础性制度，如产权制度、准入与退出规则、交易规则、定价机制、竞争制度、信用制度和监管制度的持续完善和有力执行，是市场机制灵活高效配置资源的根本支撑。如果法治不彰、规则缺失、法令不行，就会导致市场主体预期疲弱、市场价格紊乱、竞争秩序混乱，市场这只“看不见的手”的资源配置功能就会失效。

与现代市场经济体系相适应的现代金融体系同样是建立在法治基石之上的。从货币的产生与演进到金融工具的创新与发展，其背后的基础均是信任。金融运行本质上依赖的就是信任（及信用）。相较于实体经济领域的实物保障，金融完全依赖于信用的特点使其更需要有契约精神和法治保障。无论是加强党中央对金融工作的集中统一领导，还是全面加强金融监管，都必须依靠制度、依靠法治。市场化和法治化是金融创新发展的基本取向，我们要运用法治思维和法治方式，推动有效市场和有为政府更好地结合，不断增强金融高质量发展的内生动力。回顾世界各国的现代化进程，一些发展中国家金融危机频发，现代化进程迟滞甚至中断，一个重要原

[1] 中共中央党史和文献研究院. 习近平关于金融工作论述摘编[M]. 北京：中央文献出版社，2024：114.

因就是发展不健全，导致市场机制发育不充分，政府在金融监管中缺位，以至于金融风险不断滋生蔓延。

进入新发展阶段，我国金融改革发展形势的变化给加强金融法治建设提出了新课题、新任务：一方面，随着深化金融供给侧结构性改革进入深水区，以法治凝聚改革共识、规范发展行为，为金融活动提供框架完整、逻辑清晰、制度完备的规则体系变得更为迫切；另一方面，新一轮科技革命驱动下的金融创新节奏加快，新的金融业态、金融产品、金融服务不断出现，亟待金融法治给金融创新以清晰引导和明确边界，金融发展既要包容创新，又要防范风险。此外，还要加大金融法制执行力度，对各类违法违规行为“零容忍”。

党的二十届三中全会将坚持全面依法治国作为进一步全面深化改革必须坚持的六项重大原则之一加以强调。必须坚持在法治下推进金融体制改革，在深化金融体制改革中完善金融法治，使得重大改革于法有据，并及时把改革成果上升为法律制度。这就要求金融业立法修法和执法工作要与时俱进，主动适应经济社会发展和金融业改革开放需要，紧盯金融重点领域和新兴领域，及时填补法律空白、补短板强弱项，立良法、立管用之法，严格公正执法，使各类金融活动有法可依、有规可循、执法必严、违法必究，为金融业发展构筑坚实的法治基础。

二、健全金融法律体系

从现行法律体系看，我国并无以金融法直接命名的法律，对于各类金融关系的调整散见于各具体部门法中。涉及金融类的具体法律，通常以其涉及的金融行业名称来命名，主要包括《中华人民共和国中国人民银行法》《中华人民共和国商业银行法》《中华人民共和国银行业监督管理法》《中华人民共和国票据法》《中华人民共和国信托法》《中华人民共和国证券法》《中华人民共和国证券投资基金法》《中华人民共和国期货和衍生品法》《中华人民共和国保险法》《中华人民共和国反洗钱法》等10部法律。此外，还有几十部法律中有关于金融方面的内容。这种按照分业监管的模式分别制定法律规范的方式不能适应金融创新带来的跨行业、跨市场业务增多的情况，导致部分金融业务领域规则缺失。这就使得银行业、保险业、证券业、信托业、基金业以及投融资领域法律之间存在一些矛盾和空白之地，存在监管空白和盲区，非法金融活动和合法金融活动的边界模糊不清。

监管空白和盲区主要分为三类：一是各监管主体在各自监管范围内出台法规，立法的系统性、协同性不强，使得相同属性的金融业务因主体性质差异而适用不同的监管法规，容易形成监管套利。二是一部分交叉性金融产品和服务因主体性质不同而被区别对待，难以真正做到穿透式监管。三是现有金融法律的监管对象基本上是机构法人，大量新兴金融市场主体难以被纳入法律适用范围，导致监管空白。

要从根本上解决这些问题，就要按照中央金融工作会议和党的二十届三中全会对金融法治建设的总体部署，持续健全金融法律体系，进一步完善金融法治的“四梁八柱”。

一是要做好金融法的制定工作。党的二十届三中全会作出了制定金融法的重大决策部署。制定金融法的主要目的是建立健全金融领域综合性、统领性法律制度，系统推进金融领域法治建设。作为金融领域的基本法，金融法能够填补现有法律的空白，明确界定金融活动范围，明确区分合法金融活动和非法金融活动，将各类金融业态、金融产品、金融服务予以规范，与其他金融法律法规共同构成比较完备的金融法律体系。金融法的出台有利于把所有的金融活动纳入金融监管，有效治理金融市场中的各种乱象，提升市场运行的规范性和透明度，为金融强国建设和重大金融风险的防范化解提供法治保障。

二是要加强金融领域其他重要法律法规的立改废释。重点是加快补齐新兴领域制度短板，发挥司法解释、部门规章、规范性文件等填补空白的作用。推动金融法律与其他法律的有效衔接，构建系统完备的金融法治体系。要及时推进金融重点领域和新兴领域立法，建立定期修法制度，根据新形势新变化，尽快修订《中华人民共和国中国人民银行法》《中华人民共和国商业银行法》《中华人民共和国保险法》。要着力加强金融稳定保障体系建设，加快出台金融稳定法，明确金融风险处置的触发标准、程序机制、资金来源和法律责任。

三、加大金融执法力度

一是以高水平执法来规范金融创新发展。加强对金融新业态、新业务、新主体的研究，在提升金融立法包容性和匹配性的基础上，坚持在市场化法治化轨道上依法推进金融创新发展，加大金融执法力度，对各类违法违规行为“零容忍”。要严厉打击以金融创新名义开展的非法金融活动，最大限度消除监管空白和盲区，消除非法展业空间。要严把金融业的市场准入关，确保所有进入金融市场的机构和个人都符合法律法规所规范的条件，严格限制不合规主体进入金融市场，从源头上减少金融风险。

二是提高金融司法水平。要加大金融法制执行力度，对各类违法违规行为“零容忍”。在总结金融法院制度经验、运行经验、改革经验的基础上，加快构建公正高效权威的金融审判体系，提高金融审判专业化、国际化水平，提升金融审判质效和司法公信力，发挥金融司法对金融市场的价值引领和规则指引作用。要做好金融执法与司法的衔接，对于涉嫌犯罪的金融案件，要及时移送司法机关处理，依法追究犯罪分子的刑事责任。要加强金融审判人才的专业建设，选拔具有金融专业知识和审判经验的法官组成专业团队，培养“金融+法律”专业型人才，提升金融审判的专业性和效率。

三是加强金融监管部门与司法部门的协调联动。双方应建立定期沟通机制，就金融案件审理、法律适用、监管政策等问题进行深入交流；加强信息共享，实现金融监管数据与司法审判信息的互联互通。

参考文献

阿里吉，2022．漫长的20世纪：金钱、权力与我们时代的起源［M］．姚乃强，严维明，吴承义，译．北京：社会科学文献出版社．

白钦先，郭纲，2000．关于我国政策性金融理论与实践的再探索［J］．财贸经济（10）：21-26．

本书编写组，2024．党的二十届三中全会《决定》学习辅导百问［M］．北京：党建读物出版社．

本书编写组，2024．《中共中央关于进一步全面深化改革、推进中国式现代化的决定》辅导读本［M］．北京：人民出版社．

布罗代尔，2017a．十五至十八世纪的物质文明、经济和资本主义：第2卷 形形色色的交换［M］．顾良，施康强，译．北京：商务印书馆．

布罗代尔，2017b．十五至十八世纪的物质文明、经济和资本主义：第3卷 世界的时间［M］．顾良，施康强，译．北京：商务印书馆．

陈森，袁乐平，贾健，2012．中国政策性银行国家补贴依赖程度测算：兼论其商业化转型条件［J］．金融研究（11）：128-137．

陈志武，2022．文明的逻辑：人类与风险的博弈：全2册［M］．北京：中信出版社．

达舍，原田信行，星岳雄，等，2017．创新驱动型经济增长的制度基础［J］．比较（5）：13．

董克用，施文凯，2020．加快建设中国特色第三支柱个人养老金制度：理论探讨与政策选择［J］．社会保障研究（2）：3-12．

董昀，2023a．论新发展阶段的中国特色宏观调控［J］．中共中央党校（国家行政学院）学报，27（1）：125-136．

董昀，2023b．创新发展视角下的“科技—产业—金融”良性循环：理论逻辑、核心要义与政策启示［J］．农村金融研究（6）：21-30．

董昀，2023c．推动“科技-产业-金融”良性循环的思考与建议［J］．中国经济报告（5）：68-73．

方桂荣，2020．论绿色金融监管的立法发展与制度构建［J］．经贸法律评论（6）：37-51．

弗格森，2009．货币崛起：金融如何影响世界历史［M］．高诚，译．北京：中信出版社．

弗里曼，1996．创新［M］//伊特韦尔，米尔盖特，纽曼．新帕尔格雷夫经济学大辞典：第2卷E-J．陈岱孙，译．北京：经济科学出版社：925-927．

付竞卉，2011．金融国家的形成与发展：对霸权国家兴衰的新思考［D］．长春：吉林大学．

戈兹曼，2017．千年金融史：金融如何塑造文明，从5000年前到21世纪［M］．张亚光，熊金武，译．北京：中信出版社．

黄达，2018．金融学研究基础，必须强调再强调［J］．国际金融研究（2）：3-7．

黄达，2020．黄达学术自传［M］．广州：广东经济出版社．

黄卓，王萍萍，2022．金融科技赋能绿色金融发展：机制、挑战与对策建议［J］．社会科学辑刊（5）：101-108．

姜宏业，2008．中国金融通史：第5卷［M］．北京：中国金融出版社．

姜建清，2018．世界金融百年沧桑记忆1［M］．北京：中信出版社．

金德尔伯格，2003．世界经济霸权：1500～1990［M］．高祖贵，译．北京：商务印书馆．

李广子，2014．跨区经营与中小银行绩效［J］．世界经济，37（11）：119-145．

李扬，刘世锦，何德旭，等，2018．改革开放40年与中国金融发展［J］．经济学动态（11）：4-18．

李扬，张晓晶，2013．失衡与再平衡：塑造全球治理新框架［M］．北京：中国社会科学出版社.

廖岷，王鑫泽，2016. 商业银行投贷联动机制创新与监管研究［J］. 国际金融研究（11）：45-55.

林毅夫，姜烨，2006. 经济结构、银行业结构与经济发展：基于分省面板数据的实证分析［J］. 金融研究（1）：7-22.

刘阳，秦曼，2019. 中国东部沿海四大城市群绿色效率的综合测度与比较［J］. 中国人口·资源与环境，29（3）：11-20.

刘元春，2023. 提升上海国际金融中心建设能级的三个关键［J］. 新金融（11）：4-6.

娄飞鹏，2020. 我国养老金三支柱体系建设的历程、问题与建议［J］. 金融发展研究（2）：69-74.

米什金，2021. 货币金融学：第十二版［M］. 王芳，译. 北京：中国人民大学出版社.

彭信威，2020. 中国货币史［M］. 北京：中国人民大学出版社.

皮凯蒂，2014. 21世纪资本论［M］. 巴曙松，陈剑，余江，等，译. 北京：中信出版社.

乔依德，等，2024. 跨境金融基础设施：现状和未来［M］. 北京：中译出版社.

曲哲涵，2024. 加快建设金融强国 助力推进中国式现代化（权威访谈·学习贯彻党的二十届三中全会精神）：访中央金融办分管日常工作的副主任、中央金融工委分管日常工作的副书记王江［N］. 人民日报，08-09（2）.

斯特兰奇，1990. 国际政治经济学导论：国家与市场［M］. 杨宇光，等，译. 北京：经济科学出版社.

陶玲，2024. 加快完善中央银行制度［M］//本书编写组.《中共中央关于进一步全面深化改革、推进中国式现代化的决定》辅导读本. 北京：人民出版社.

万志英，2018. 剑桥中国经济史：古代到19世纪［M］. 崔传刚，译. 北京：中国人民大学出版社.

王遥，2024．绿色金融为新质生产力加速赋能［J］．经济（4）：24-26．

韦伯，2018．世界宗教的经济伦理：儒教与道教［M］．王容芬，译．2版．北京：中央编译出版社．

习近平，2019．我国经济已由高速增长阶段转向高质量发展阶段［M］//中共中央党史和文献研究院．十九大以来重要文献选编：上．北京：中央文献出版社．

习近平，2021．论把握新发展阶段、贯彻新发展理念、构建新发展格局［M］．北京：中央文献出版社．

习近平，2021．新发展阶段贯彻新发展理念必然要求构建新发展格局［M］//中共中央党史和文献研究院．十九大以来重要文献选编：中．北京：中央文献出版社．

习近平，2023．在文化传承发展座谈会上的讲话［J］．求是（17）：4-11．

许树信，2008．中国革命根据地货币史纲［M］．北京：中国金融出版社．

杨涛，2024．建设金融强国需做好“五篇大文章”［J］．清华金融评论（3）：51-53．

易纲，2023．货币政策的自主性、有效性与经济金融稳定［J］．经济研究，58（6）：19-29．

殷剑峰，2023．成事在人：人口、金融与资本通论［M］．北京：社会科学文献出版社．

张发林，2020．国际金融权力：理论框架与中国策略［J］．当代亚太（6）：124-152，156-157．

张杰，2020．金融学在中国的发展：基于本土化批判吸收的西学东渐［J］．经济研究，55（11）：4-18．

张晓晶，2022．符号经济与实体经济：金融全球化时代的经济分析［M］．北京：商务印书馆．

张晓晶，2024．中国金融报告·2023：中国特色金融发展之路［M］．北京：中国社会科学出版社．

张晓晶，王庆，2023a．中国特色金融发展道路的新探索：基于国家治理逻辑的金融大分流新假说［J］. 经济研究，58（2）：20-28.

张晓晶，汪勇，2023b. 社会主义现代化远景目标下的经济增长展望：基于潜在经济增长率的测算［J］. 中国社会科学（4）：4-25，204.

赵欣舸，于卫国，2024. 以更有力的改革开放提升上海国际金融中心的竞争力和影响力［J］. 现代金融导刊（3）：21-23.

中共中央党史和文献研究院，2024. 习近平关于金融工作论述摘编［M］. 北京：中央文献出版社.

中共中央马克思恩格斯列宁斯大林著作编译局，1995. 列宁选集：第3卷［M］. 3版. 北京：人民出版社.

中共中央马克思恩格斯列宁斯大林著作编译局，2012. 马克思恩格斯选集：第1卷［M］. 北京：人民出版社.

中共中央马克思恩格斯列宁斯大林著作编译局，2004. 资本论：第1卷［M］. 北京：人民出版社.

中共中央文献研究室，1996. 毛泽东文集：第3卷［M］. 北京：人民出版社.

中共中央文献研究室，1999. 毛泽东文集：第6卷［M］. 北京：人民出版社.

中共中央文献研究室，2014. 十八大以来重要文献选编（上）［M］. 北京：中央文献出版社.

ACHARYA V V，COOLEY T F，RICHARDSON M P，et al，2010a. Manufacturing tail risk：a perspective on the financial crisis of 2007–2009［J］. Foundations and trends in finance，4（4）：247-325.

ACHARYA V V，COOLEY T F，RICHARDSON M P，et al，2010b. Regulating wall street：the Dodd-Frank act and the new architecture of global finance［M］. Hoboken：Wiley.

AKCIGIT U，DINLERSOZ E，GREENWOOD J，et al，2016. Synergizing ventures［R］. NBER Working Paper No. 26196.

ALLEN F，QIAN J，QIAN M J，2019. A review of China’s institutions［J］. Annual review of financial economics，11（1）：39–64.

ARÉZKI R，BOLTON P，PETERS S，et al，2017. From global savings glut to financing infrastructure［J］. Economic policy，32（90）：221-261.

BAGEHOT W，1873. Lombard street：a description of the money market［M］. Homewood. IL：Richard D. Erwin.

BERGER A N，UDELL G F，2006. A more complete conceptual framework for SME finance［J］. Journal of banking & finance，30（11）：2945-2966.

BLINDER A S，2013. After the music stopped：the financial crisis，the response，and the work ahead［M］. New York：Penguin Press.

BOOT A W A，THAKOR A V，1997. Financial system architecture［J］. The review of financial studies，10（3）：693-733.

BRICKLEY J A，LINCK J S，SMITH C W，2003. Boundaries of the firm：evidence from the banking industry［J］. Journal of financial economics，70（3）：351-383.

CAMERON R，1967. Banking in the early stages of industrialization：a study in comparative economic history［M］. Oxford：Oxford University Press.

CARLINI F，CUCINELLI D，PREVITALI D，et al，2020. Don't talk too bad! Stock market reactions to bank corporate governance news［J］. Journal of banking & finance（121）：105962.

CHEN H C，1912. The economic principles of Confucius and his school［J］. The economic journal，22（88）：584-588.

CHEN L，2016. From fintech to finlife：the case of fintech development in China［J］. China economic journal，9（3）：225–239.

CHERNYSHOFF N，JACKS D S，TAYLOR A M，2009. Stuck on gold：real exchange rate volatility and the rise and fall of the gold standard，1875—1939［J］. Journal of international economics，77（2）：195-205.

CLAPHAM S J，1944. The bank of England：a history［M］. Cambridge：Cambridge University Press.

COOPER R N，1987. Economic policy in an interdependent world［M］. Cambridge：The MIT Press.

DALIO R, 2021. Principles for dealing with the changing world order: why nations succeed and fail [M]. London: Simon & Schuster UK.

DENG S, ELYASIANI E, 2008. Geographic diversification, bank holding company value, and risk [J]. Journal of money, credit and banking, 40 (6): 1217-1238.

DREZNER D W, 2003. The hidden hand of economic coercion [J]. International organization. 57 (3): 643-659.

EHRENTRAUD J, OCAMPO D G, GARZONI L, et al, 2020. Policy responses to fintech: a cross-country overview [D]. Basel: Bank for international settlements, financial stability institute, No.23.

EICHENGREEN B, 1990. One money for Europe? Lessons from the US currency union [J]. Economic policy, 5 (10): 117–187.

EICHENGREEN B, 1996. Golden fetters: the gold standard and the great depression, 1919—1939 [M]. Oxford: Oxford University Press.

EMMONS W R, GILBERT R A, YEAGER T J, 2004. Reducing the risk at small community Banks: is it size or geographic diversification that matters? [J]. Journal of financial services research, 25 (2-3): 259-281.

FELBERMAYR G, KIRILAKHA A, SYROPOULOS C, et al, 2020. The global sanctions data base [J]. European economic review, 129: 103561.

GEISST C, 2012. The great recession [J]. Financial history, 104: 36-38.

GEITHNER T F, 2015. Stress test: reflections on financial crises [M]. New York: Crown Publishing Group.

GERSCHENKRON A, 1962. Economic backwardness in historical perspective: a book of essays [M]. Cambridge: Belknap Press of Harvard University Press.

GOLDSMITH W R, 1969. Financial structure and development [M]. New Haven: Yale University Press.

GROSSMAN, RICHARD S, CHRISTOPHER M, et al, 2010. Capital flows, financial development and the international political economy of money [M]. Oxford: Oxford University Press.

GURLEY J G, SHAW E S, 1960. Money in a theory of finance [M]. Washington, D.C.: Brookings Institution Press.

HANUSCH H, PYKA A, 2007. Elgar companion to neo-Schumpeterian economics [M]. Northampton: Edward Elgar Publishing: 1161.

HAU H, HUANG Y, SHAN H Z, et al, 2019. How fintech enters China's credit market [J]. AEA papers and proceedings, 109: 60-64.

HE Z G, WEI W, 2023. China's financial system and economy: a review [J] . Annual review of economics, 15: 451–483.

HENNING R, 2006. The exchange rate weapon and macroeconomic conflict [M] // ANDREWS D M. International monetary power. Ithaca: Cornell University Press: 117-118.

HONOHAN P, KLINGEBIEL D, 2003. The fiscal cost implications of an accommodating approach to banking crises [J]. Journal of banking & finance, 27 (8) : 1539-1560.

JONKER J, GELDERBLOM O, 2013. Mirroring different follies, the character of the 1720 speculation in the Dutch Republic [M] //GOETZMANN W N, LABIO C, ROUWENHORST K G, et al. The great mirror of folly: finance, culture, and the crash of 1720. New Haven: Yale University Press: 121-140.

KEYNES J M, 1912. Chen Huan-Chang. The economic principles of Confucius and his school [J] . The economic journal , 22 (88) : 584-588.

KILEY M T, MISHKIN F S, 2024. Central banking post crises [EB/OL]. (2024-05-30) [2024-07-12]. https://doi.org/10.17016/FEDS.2024.035.

KINDLEBERGER C P, 1974. The formation of financial centers: a study in comparative economic history [M]. Princeton: Princeton University Press.

KINDLEBERGER C P, 1996. Manias, panics, and crashes: a history of financial crises [M]. Hoboken: Wiley.

KING R G, LEVINE R, 1993. Finance and growth: Schumpeter might be right [J] . The quarterly journal of economics, 108 (3) : 717-737.

KROSZNER R S, RAJAN R G, 1994. Is the Glass-Steagall Act justified? A study of the U.S. experience with universal banking before 1933 [J]. The American economic review, 84 (4): 810-832.

MCKINNON R I, 1973. Money and capital in economic development [M]. Washington, D.C.: Brookings Institution Press.

MERTON R C, BODIE Z, 1995. A conceptual framework for analyzing the financial environment [M] //CRANE D B, FROOT K A, MASON S P, et al. The global financial system: a functional perspective. Boston: Harvard Business School Press: 3-31.

MISHKIN F S, 2018. The economics of money, banking, and financial markets: global edition, 12th edition [M]. London: Pearson.

NEAL L, 1991. The rise of financial capitalism: international capital markets in the age of reason [M]. New York: Cambridge University Press.

PAPE R A, 1997. Why economic sanctions do not work [J]. International security, 22 (2): 90-136.

PATRICK H T, 1966. Financial development and economic growth in underdeveloped countries [J]. Economic development and cultural change, 14 (2): 174-189.

PEKSEN D, 2016. Economic sanctions and official ethnic discrimination in target countries, 1950—2003 [J]. Defence and peace economics, 27 (4): 480-502.

POLANYI K, 1944. The great transformation: the political and economic origins of our time [M]. New York: Farrar & Rinehart.

RAJAN R G, ZINGALES L, 1998. Financial dependence and growth [J]. The American economic review, 88 (3): 559-586.

REINHART C M, ROGOFF K S, 2009. This time is different: eight centuries of financial folly [M]. Princeton: Princeton University Press.

RODGER N A M, 2004. The safeguard of the sea: a naval history of Britain, 660-1649 [M]. London: Penguin.

ROUBINI N, MARTIN X S I, 1995. A growth model of inflation, tax evasion, and financial repression [J]. Journal of monetary economics, 35 (2): 275-301.

SCHUMPETER J A, 1912. Theorie der wirt schaftlichen entwicklung [M] . Leipzig: Duncker &Humblot.

SCHUMPETER J A, 1934. The theory of economic development: an inquiry into profits, capital, credit, interest, and the business cycle [M]. Cambridge: Harvard University Press.

SHAW E S, 1973. Financial deepening in economic development [M]. Oxford: Oxford University Press.

SORKIN A R, 2009. Too big to fail: the inside story of how wall street and Washington fought to save the financial system and themselves [M]. London: Penguin Books.

STEIL B, LITAN R E, 2006. Financial statecraft: the role of financial markets in American foreign policy [M]. New Haven: Yale University Press.

STROUSE J, 1999. Morgan: American financier [M]. New York: Random House.

TRACY J D, 1985. A financial revolution in the Habsburg Netherlands: renten and renteniers in the county of Holland, 1515—1565 [M]. Berkeley: University of California Press.

VAN DILLEN, JOHANNES G, 1964. Amsterdam als Wereldmarkt der Edele Metalen in de 17de en 18de Eeuw [M] . Nederlandsch Economisch-Historisch Archief (Ed.) .Economisch-historische herdrukken: zeventien studiën van nederlanders. 'S-Gravenhage: Martinus Nijhoff Publishers.

BAGEHOT W, 1962. Lombard street: a description of the money market [M]. Homewood. IL: Richard D. Erwin.

WEIDMANN J, 2020. Combating climate change: what central banks can and cannot do [R]. Frankfurt: The European Banking Congress.

WHITE E N, 1986. Before the Glass-Steagall Act: an analysis of the investment banking activities of national banks [J]. Explorations in economic history, 23 (1) : 33-55.